裁判員制度はなぜ続く

その違憲性と不合理性

織田信夫

花伝社

裁判員制度はなぜ続く――その違憲性と不合理性◆目次

はしがき

裁判員の参加する刑事裁判に関する法律は、今年（二〇一六年）施行後七年余が経過した。裁判員制度は「司法への参加についての国民の自覚とこれに基づく協力の下で初めて我が国の司法制度の基盤としての役割を十全に果たすことができるものである」と同法は明記しているけれども（附則第二条）、参加した国民の「参加して良かった」などの裁判員制度への肯定的評価を伝える最高裁判所等の宣伝・広報はあってもその甲斐はなく、年々参加しても良い人、参加したい人が減少し、義務でも参加したくない人、義務なら仕方がないという人の数が増え続ける一方であれば、もはや国民は、司法への参加についての自覚を持とうとはせず協力もしないと腹を決め、裁判員制度を見限ったと言って良いのではなかろうか。法律を動かす人間は別として、法律自体は完全に音を上げ、勘弁してくれ、もう店仕舞いの時期だと叫んでいるに違いない。

二〇一三年、『裁判員制度廃止論』（花伝社）を上梓したころ、私は福島地方裁判所での裁判員経験者を原告とする国家賠償請求事件で他一名の弁護士とともに原告訴訟代理人を務めていた。その間、裁判員制度に関する二〇一一年一一月一六日最高裁判所大法廷判決に、上告趣意を捏造するという信じられない作為のあることを知り、その訴訟中でそのことを指摘し、判決に関与した一五人の裁判官の不法行為責任を主張するとともに、河野真樹さんの主宰するウェブサイト「司法ウオッチ」に発表させて頂いた。その後、またその判決に欺瞞とも称し得る別の重大な問題があることに気が付き、それも同様に「司法ウオッチ」に発表させて頂いた。

憲法上違憲法令審査権を最終的に行使し得るのは最高裁判所であるが、「ほんとうの『憲法の番人』は最高裁判所や国会ではなくて国民自身でなくてはならない」という宮澤俊義教授の言葉（本書でも再三引用している『コンメンタール日本国憲法』６９３ページ）に押されて、その最高裁の欺瞞を国民の一人として批判し、また、他の裁判員制度の問題について一人でも多くの人々にそれを届けるべきであると思い、非力を省みず、ここに本書を刊行することとした。

また、以前、新潟大学紀要『法政理論』に寄稿させていただいた検察審査会制度に関する拙稿の転載を同大学法学会が認めて下さったことにより、検察審査会制度がいわゆる司法への国民参加の一形態ということで裁判員制度と共通点があることから、それをここに合わせ収めることとした。

本書が、いわゆる国民の司法参加と言われる制度の本質について、一人でも多くの人々に考えていただく契機となれば幸いである。

第一章　裁判員制度に存在価値はあるか

1　裁判員制度はなぜ続く――制度廃止への道程

はじめに

最高裁が毎年行っている裁判員制度に関する意識調査の調査項目に、「あなたは裁判員として刑事裁判に参加したいと思いますか」という設問がある。二〇一五年一月の調査では、「参加しても良い」が男性12・9％、女性4・7％、「参加したい」が男性5・3％、女性2％となっており、逆に「あまり参加したくない」「義務であっても参加したくない」を合わせた数字は男性81・4％、女性92・4％である。司法審の意見書によれば、裁判員制度は国民の主体的参加を得て初めてその存在意義が認められるものであることからすれば、この数字を見ただけでも、この制度は間違いなく危機に瀕していると言える。

それだけではなく、裁判員裁判の実施状況についての二〇一五年一一月末速報値によれば、選定された裁判員候補者数に対する選任手続期日に出席した裁判員候補者数の割合（出席率）は24・9％、選任手続期日に出席した裁判員候補者数の選任手続期日に出席を求められた裁判員候補者数に対する割合は68％であり、辞退率（辞退を認められた裁判員候補者の、選定された裁判員候補者数に対する割合）は64・7％、つまりほぼ三分の二に達している。重要なことは、統計を取り始めた二〇〇九年以降、出席率は毎年下がり、辞退率は年々上昇傾向にあるということである。

裁判員制度は、憲法違反であり、運用や実績がどうであるかにかかわらず、制度として存続の認められないものではあるが、現実に行われている状態を見ても、まさに破綻状態にあると評して間違いがない（その詳細な調査分析は『マスコミが伝えない裁判員制度の真相』（猪野亨ほか著、花伝社）に詳しい）。

本質的に制度としては許されないものである上に、現実の運営状態も破綻状態にあるのに、それでもなお裁判員裁判は行われ続けているのは、いかなる理由によるのであろうか。本稿はその点についての考察である。

制度というものの惰性的継続性

「文明というのは制度と装置ですけれども、制度と装置が一旦できたらその制度と装置が合わなくなっても中々壊れにくいですよね。そこに綻び、亀裂ができていることが分かってもながらしゃんと壊すのが難しいから、どうしても綻びのまま、だらだら行ってしまう」（国立民族学博物館小長谷有紀教授の発言。拙著『裁判員制度廃止論』花伝社、62ページ）。長谷川教授はその言葉に関連して原発を例に挙げているが、また、現在の裁判員制度のことを言い当てているようにもとれる言葉である。

制度制定時には、マスメディアはこの制度の問題について何回も取り上げ、政治の世界でもまた一般人も、専門家、素人を問わず活発な発言をしたけれども、最近はテレビも新聞も、裁判員裁判でしかじかの判決が出たという程度のことを小さく報じるだけになってしまった。

それでは、裁判員制度は、このような一般の制度と同様に、宿命のようにだらだらと惰性的に存続していく運命を辿るのであろうか。

私は、裁判員制度はそのように壊れかかっていても、それが存在し継続することによって利益を得る者、得られると思い込んでいる者がおり、その者らの働きがあることによって、壊れることなく制度は存続していくことになるのではないかと危惧している。そのような働きをする者とは誰か。

最高裁の態度

最高裁がこの裁判員制度の推進に殊のほか力を入れていることについては、二〇一一年一一月一六日最高裁大法廷判決（第三章1参照）に目を通せば明らかである。私はこれまでにその判決を複数回批判してきた。しかし、憲法上、最高裁という政治とは切り離されているべき国家機関が、まるで行政機関のようになりふり構わず推進をはかるについては、批判はしても、それが何故かについてはよく分からなかった。

司法制度改革審議会の審議の過程で、大方の裁判官の意見として憲法上疑義のないものとして評決権のない参審制を提案していた最高裁が、一転して制度推進に舵を切るに至った経緯については、「トップの刑事系裁判官たちが民事系に対して長らく劣勢にあった刑事系裁判官の基盤を再び強化し、同時に人事権をも掌握しようとしたことにある」「これは有力な見方というより、表立って口にはされない『公然の秘密』というほうがより正しい」（瀬木比呂志『絶望の裁判所』講談社現代新書、67ページ）との指摘があり、仮にそのようなことが事実あったとしても、何故に刑事系裁判官だけで構成されているわけではない大法廷が全員一致で合憲判決を出したのか、それだけでは説明がつかない。

また、二〇一二年二月一三日第一小法廷判決（いわゆるチョコレート缶事件）について、私が白木裁判官の補足意見の批判として「ラフジャスティスでなければ裁判員制度は成り立たないことを認識しつつ、ラフジャスティスを容認しても裁判員制度を何とか維持させたいという熱意、情熱の発露がこの一小判決の生みの親であったと思わざるを得ない」と評したことについても（前掲拙著168ページ）、何故そこまでして、つまり刑事訴訟の大原則を歪めてまで裁判員制度を維持しようとするのかの意図を理解させるものとはならない。

我が国の裁判所は、この裁判員制度対象の事件処理を除けば、民事、刑事、家事に関する裁判は基本的に官僚裁判官のみによって運営されている。国会が制定した裁判員制度は、当初裁判官僚にとっては一般市民という〝余計なもの〟が自分の職域に参入してくるので好ましくないものと映じたかも知れないが、『アメリカ人弁護士が見た裁判員制度』（コリンＰ・Ａジョーンズ著、平凡社新書、２１０ページ以下）に記されているように、その余計なものの参入が官僚裁判官にとっては極めて都合の良い制度にできあがっていることを裁判所は知るに及んで、かかる制度の採用は裁判所にとって維持した方が良いとの判断に至ったと解する方がしっくりくるのではないかと思われる。

或いは、前掲ジョーンズ氏の著書に記載されているように、「（プロの法律家にとっては）何らかの形での国民参加が不可避となった以上、いかにそれを司法にとって有利な形で実現するかが課題になる……そしてでき上がった裁判員制度は……裁判官たちにとってかなり有利なものである」。つまり、司法官僚が巧みに彼らに有利になるように制度設計を試みたということも考えられる。

「国民の司法参加」という言葉の魔力

裁判員制度については、国民の司法参加という一見体裁の良い表現が用いられてはいるけれども、所詮はくじで集められた、どんな正体の者かは分からない人々の参入であり、それらが、訓練されたプロ集団と対等に議論し結論を導くことのできる者でないことは容易に分かるであろう。おまけに、評議は絶対秘密とされていて、裁判官や裁判員の発言は藪の中である。

つまり、裁判員参加によって従来の官僚裁判官による裁判が変わることはなく、仮に素人の意見を尊重して一審がおかしい判決をすれば、控訴審・上告審はこれを破棄することができる。現に、二〇一五年一一月、東京高裁は、オウム関連事件で一審東京地裁裁判員裁判が下した懲役五年の判決を破棄し無罪を言い渡した。当時ある新聞には、担当した元裁判員の感想として「無罪と聞いてショック。……私たちが約二か月間、一生懸命考え出した結論。それを覆され、無力感を覚える」と話したことを報じていた。

裁判員制度制定時、上訴制度には手をつけられなかった以上、この東京高裁のとった態度には何ら問題はないけれども、その態度が、それでは一審の裁判員裁判はどのような意義、効果があったのか、裁判員の役割は何であったのかという根本的疑問を投げかけたことは間違いない。

求刑一・五倍判決に対する最高裁の示した判断（第一章4参照）、一審死刑判決を高裁が破棄し無期懲役を言い渡した事件で最高裁がその高裁判決を支持した判断（二〇一五年二月）についても同様のことが言える。

マスメディアも国会議員も、一般国民も、「国民の司法参加」という言葉を聞いただけでまるで魔法にかけられたかのように、民主的な裁判になる、それは民主国家にとっては良いことである、先進国では当然のごとく実施されているから我が国でも採用して当たり前、という思いになってしまう。そして、その思いが、制度への根本的批判に中々繋がらない一つの要因になっているのではないかとも考えられる。

しかし、素人参加がもともと民主化と言えるのかどうか甚だ疑問であるばかりではなく（第一章2参照）、仮に民主化と評し得るものとしても、「司法までが民主化されないところに合理的な民主主義の運用がある」「民主主義において、立法や行政が政党化し、階級化することは自然であるとしても、司法までがそうなることは、その使命から見て致命的である」（兼子一『裁判法』20ページ）という言葉は十分に傾聴さるべきであろう。「一般にはむしろ司法は政治部内の組織原理である民主主義によって支配さるべきではない」（今関源成「参加型司法」『法律時報』臨時増刊180ページ）も同様の考えと解される。

それ故に、まず国民は、素人が裁判に参加すれば裁判は民主的になるとか、それは好ましいものという思い込みを捨て去る必要がある。

しかし、そのような転換は極めて困難であろう。人間は一度良いと頭にすり込んだことについては、これを覆すことはしたがらない。面子にかけてもこれを守り抜くという本性を有しているからである。前述の小長谷教授の指摘や、ジョーンズ氏の「仮に『司法に国民を参加させなければならない』というアイデアそのものが初期段階において裁判所等に押し付けられたとしても、不利な展開を有利に転じていくことがプロの法律家の腕の見せ所である……そしてでき上がった裁判員制度は……裁判官たちにとってかなり有利なものである」となれば、この倒産寸前、仮に民間企業が運営する制度であれば初めから成り立たず、運営を始めれば倒産間違いなしの代物であっても、今もなお生き続けている理由が分かるというものである。

「民主主義は官僚階級が自らの専制を粉飾する装置」

この小見出しは、佐藤優『官僚階級論』（にんげん出版、２３０ページ）の表現そのものである。国民の司法参加という、多くの人々が司法の民主化と捉え得る言葉は、官僚にとっては官僚専制支配の粉飾に極めて都合の良い言葉だということである。

裁判員制度によって裁判所は、第一審刑事重罪事件について、国民――実は得体の知れない国民の代表などとは到底言えない一般素人を裁判官席に座らせ、裁判を民主的なものと国民に印象付けることに成功しているように見える。しかしその実態は、公判前整理手続というお膳立ての作成、訴訟指揮、裁判員解任権、評議の秘密、評決については裁判員は裁判官の判断を無視し得ないこと、そして控訴審は官僚裁判官のみによって裁判員裁判を覆すことができること、このような制度設計、そして官僚裁判官と裁判員との情報格差、実力の違い等を見れば、裁判員制度は国民参加という一見民主的らしいものによって装われた強固な官僚裁判制度としてでき上がっていることは疑いの余地のないことなのである。

さらに裁判所にとって都合の良いことは、刑事裁判について官僚裁判官の判断権が制限される陪審制、当初日弁連が国民の司法参加といえばこれしかないと言っていた制度の採用は完全に消滅し、官僚裁判官による司法の専制支配が全うされることになることである。完全な裁判所法三条三項の死文化である。

ここまで論じてくれれば、最高裁大法廷判決が上告趣意を捏造し（第三章1）、肝心の上告趣意についての判断を遺脱し（第三章2）、おまけに政治家よろしく裁判員制度の効用を得々と説き、その将来の発展を熱望する文言を並べ立てた意図がよく理解できるであろう。

最高裁には、破綻に瀕したこの裁判員制度に、このような官僚裁判官制度維持への思いがあることは否定できないと考える。

日弁連が裁判員制度推進に一役買っているわけ

日弁連は二〇〇〇年九月一二日、「国民の司法参加」に関する意見を司法制度改革審議会に提出し、その中で「国民が自立した統治主体として参画して行く社会にふさわしい司法参加の在り方は何か、それは陪審制度の導入しかないと考えます」と断言していた。裁判員制度は陪審制度でないことは明らかである。また、裁判員の参加は強制であり、その制度の下では到底自律した統治主体として裁判に関与することのできない仕組みになっていることも明らかである。

しかし、日弁連は、最高裁判所の変節に符節を合わせるかのように裁判員制度賛成に変身し、以後は裁判員裁判における弁護技術のスキルアップの研修等制度維持に力を入れ、制度批判の発言を全くしなくなった。一九五四年にまとめた法曹一元要綱以来、繰り返し強く主張してきた法曹一元の実現の要求も、弁護士任官制度への変質でお茶を濁している。二〇一〇年一二月三日、日弁連刑事法制委員会は「裁判員制度見直しの要綱試案のために」なる意見書をまとめ、その中で「市民感覚の『暴走』の歯止めのためにも被告人による選択権が必要といえよう」と記述していた。しかし、この意見は日弁連の最終改革提案には取り入れられなかった。

何故に日弁連は変節したのか。推察するに、司法への国民参加を掲げてきた日弁連としては、陪審制も裁判員制も司法への国民参加であることには変わりがない、陪審制の実現が困難であれば次善の策として裁判員制度を受け入れ、これを継続した方が良いという判断に立ち至ったのではなかろうかと思われる。或いは、裁判員制度を陪審制の一里塚とでも考えていたのであろうか。

もとより、裁判員制と陪審制とは国民の裁判への関わり方について根本的違いがあることについては多言を要せず（西野喜一『裁判員制度の正体』講談社現代新書、46ページ以下参照）、陪審制推進論者が裁判員制度を受け入れることは変節以外の何ものでもないけれども、かかる変節が、最高裁ほどの情熱はないにしても、破綻した裁判員制度を続けさせていることに貢献していることは間違いがない。

日弁連は、裁判員として死刑事件に関与し急性ストレス障害（ＡＳＤ）を患った郡山市の女性の事件について、如何なる発言をしただろうか。一般論として裁判員のメンタルヘルスケアの必要性は説いても、これを憲法一八条、一三条違反等の制度の本質的問題として論じたことはなかったと思われる。

このような日弁連の体制迎合的態度が、この破綻に瀕した制度をズルズルと存続させ、被告人の権利を害し、国民の基本的人権の侵害を招いていると考える。要するに日弁連は国民の本当の痛みを理解しようとしはしないのである。

マスメディアの対応

裁判員裁判で死刑を宣告された被告人が、弁護人のした控訴を取り下げて判決を確定させ、二〇一五年一二月一八日同人は死刑を執行された。朝日新聞は一二月二八日「裁判員裁判・死刑と向き合う機会に」という見出しの社説で、「裁判員が死刑求刑事件について判決を下すという仕組みから、私たち国民は逃れるべきではない。そもそも国家権力が人を裁き罰することができるのは主権者である国民の負託を受けているからだ。刑罰のあり方を決めているのは国民であり、その究極の現れが死刑だ」「人を裁くという経験を通じ、死刑と向き合い、是非を考える。裁判員制度をそうした機会にしていくことが大切だろう」などと論じている。

その論調は、司法の本質に対する考察を怠り、論理が飛躍し過ぎて理解が困難だが、推察するところ、まず裁判員制度の積極的推進を謳い、死刑制度については自社の意見の表明を回避し、当面の死刑判決とその執行を是認しつつ、国民は裁判員の経験を通じ死刑についてじっくりと考えるべきだ、何となれば、死刑を定めたのは主権者である国民であり、裁判員はその主権者として死刑と真っ向から向き合うべきだから、ということではないかと解される。

この論説は、同新聞社自体が以前から裁判員制度推進を表明してきたからであろうが、裁判員制度の対象に死刑事件を含めることが相当か、仮に相当として、その評決において他の事件とは異なる仕組みが必要かという、これまで裁判員制度と死刑との関わりについて論じられてきた点には踏み込まず、いきなり、裁判員が死刑事件を担当すべきは当然であり、国民は裁判員制度を、死刑を含む刑罰についての絶好の学びの場とすべきであるといっているということである。

新聞の論調が上述のようなものであったからであろうか、二〇一六年一月九日の同紙の「声」欄には、裁判員制度自体の問題ではなく、死刑制度に重点を置いた意見が掲載された。

前記社説の意見は私には到底受け入れられないものであり、それについては機会があれば別に論じたいが、本稿で言いたいことは、マスメディアの論説がやはり世論の方向性を決めるのに大きく影響していることを、今更ながら痛感するということである。マスメディアが制度の根本に触れずに現象面のみの報道を続ければ、いつまでたっても制度の根本的問題は深められない。マスメディアが日々取り上げるテーマは数限りなくあり、いつまでもこの裁判員裁判に限局された報道をしているわけにはいかないことはわかるけれども、一旦その根本にメスを入れる発言をすれば、国民間に自ら制度の根本についての議論が生まれ深まっていく。

制度存廃について、マスメディアの果たす役割は実に大きい。国民に不人気の裁判員制度について、曲りなりにも制度として運営されていることの一因として、このマスメディアの、制度の抱える問題に触れようとしない現状があることは間違いがない。

国民の意識

前記大法廷判決は、裁判員の職務が憲法一八条の定める苦役であるかという論点（上告趣意には含まれないものであり、本来判断を示すべきものではなかったが、それはさておき）について、何とその職務は国民の「参政権と同様の権限を国民に付与するものであ」るとの判断を示した。権限であれば、これを放棄できる。裁判員は辞退が可能だと判示したのである。この情報が国民周知のものとなれば、裁判員は、裁判官の仕事をしてみたいと思う物好き、暇人の日当稼ぎ、前述の意識調査の数値から言えば男性では18・2％、女性では6・7％、平均12％強の人によってのみ維持されることになるであろう。

現在は、最高裁判所も日弁連も、そしてマスメディアも、この最高裁判決の情報、即ち裁判員になるかならないかはあなた次第だということを周知させておらず、最高裁が相変わらず過料の制裁をちらつかせ国民を騙し人集めをしているから、やりたくなくてもやらなければならない、過料の制裁を受けるのは嫌だと芯から思って嫌々ながら参加している人々がいることも、制度維持に役立っているのかも知れない。

おわりに

ここまで、この破綻し終末期を迎えている裁判員制度を延命させている理由について概観してきた。その延命に最も尽力しているのは、明らかに違憲のデパートであるこの制度について、説得力のない理屈を並べて、上告趣意を捏造して合憲と述べ、肝心な点について今もなお判断を示していない最高裁であることは間違いない。

終末期制度とはいえ、人工呼吸器を外さず胃瘻で栄養補給し、延命に手を貸している者がいれば、そう簡単には終末を迎えられない。しかし、日弁連が、この裁判員制度が日弁連の掲げる司法の民主化、その実質化（それ自体誤りであることについては第一章2参照）とは全く相反する官僚司法の基盤強化策であることに気が付き、弁護士法一条の弁護士の使命を改めて心に留め、ここで国民、被告人の人権の擁護と社会正義の実現に燃えるような情熱を発揮し、マスメディアに働きかけすれば、この見せかけ民主的官僚裁判官制度は完全に消滅することは間違いない。マスメディアはそれを受けて強力な日弁連バックアップ論を展開し、国民と共に司法について深く考察し、それに基づく真にあるべき司法を論じる姿を見せてほしい。

2　裁判員制度は国民主権の実質化か？——裁判員の民主的正統性について

はじめに

裁判員制度については、批判や反対意見はあっても、施行後五年余、曲りなりにも制度が施行、運営され、表面上、社会はこれを受け入れているように見える。それは何故か。

恐らく、制度もその一つである文明というものの本質・業に由来するものであるからかも知れないが（拙著『裁判員制度廃止論』62ページ）、現実的には、本来権力に対し批判勢力であらねばならないマスコミの無気力、司法権力の行使に関わる分野については常に批判的視点に立って注意深く対応すべき日弁連がそれを無批判に支持、推進する側に回っていることが大きく作用しているのではないかと思われる。

二〇一一年一一月一六日最高裁大法廷が裁判員制度合憲判決を示し、今や裁判員制度を批判してもどうにもならないという意識が、この制度に対し当初批判的意見を述べていた者の間にも広まっているように思われる。私は、先に前記大法廷判決を三度に亘って批判した（前掲拙著130、198ページ等)。特に最後に述べたことは、裁判員制度が憲法一八条、七六条三項に違反しないとの判示については、上告趣意を捏造してなされた何ら判例としての価値のないものであるというものである(第三章1)。また、同判決の判示は全く説得力のない国策判決であり(西野喜一「裁判員制度合憲判決にみる思想とその問題点」新潟大学『法政理論』四四巻二、三号参照)、それ故、裁判員制度についてはもう批判してもどうしようもないというような諦めの境地に立つべきではなく、その制度の問題についてはさらに検討し、批判を継続していくべきではないかと考え、今回は国民主権と司法権という今までとは違う視点から論じてみることにした。関連する問題については前掲拙著(135ページ以下)でも論じたけれども、さらにその点を補充しようとする意図もある。

国民主権の実質化

日弁連のホームページの裁判員制度に関連するところを開くと、「どうして市民が刑事裁判に参加するのですか?」という質問があり、その回答の中に「市民の司法参加は国民主権を実質化し」という言葉が出てくる。その意味は、そのあとに「市民の、市民による、市民のための裁判を実現することによって、司法に対する理解が深まり、信頼が高まることが期待されます」という文章が続いているところから推察すると、必ずしも判然とはしないけれども、かのリンカーンのゲティスバーグ宣言をそのまま司法に置き換え、市民が司法に参加することは

「市民による司法」を実現することになり、これこそがそれまでは名ばかりだった国民主権を実質化することになるのだ、ということのようにとれる。

国民主権の原理は、絶対主義時代の君主の専制的支配に対抗して、国民こそが政治の主役であると主張する場合にその理論的支柱とされた観念だとされる（芦部信喜『憲法　第5版』岩波書店、39ページ）。

明治憲法を経て日本国憲法が施行されてからも、我が国の司法は職業裁判官によって担われてきた。戦前一時期採用された陪審裁判も、その実質は職業裁判官の優位の下で認められたものであった。明治憲法下の制度はともかく、現行憲法の下における職業裁判官による裁判は、市民による裁判ではないから、国民主権の実質化されたものとは言えない、裁判員として一般国民が裁く立場に立つことによって初めて市民による司法と言えるものとなり、それが司法における国民主権の実質化と称し得る、これが日弁連の言いたいことなのであろうか。しかし、かかる捉え方は正当であろうか。本稿はそれを根本的に批判し、その誤りを正そうとするものである。

国民が主権者であることの意味

前述のように、国民主権の原理は国民こそが政治の主役であるという政治原理である。国政において国民が主権者つまり主役であるとは何を意味するかについての答えは、日本国憲法前文に集約されていると私は考える。

民主主義国家においては治者と被治者とが同一であると言われるけれども、それは極めて観念的表現であって、民主主義国家においても国家権力は存し、それを行使し得るものと行使の対象となるものとは厳然として存する。民主主義国家の特徴は、その権力を行使する者を、君主や貴族などの一部の者とし、或いはそれらの者が選んだ者とするのではなく、国民が選ぶ者とするということである。いわゆる代表民主制或いは間接民主制といわれるものである。

また、その権力の性質も専制国家のものとは異なる。専制国家においては、その権力は専制君主、貴族など一部少数者の利益のための、いわば支配するための道具として存したが、民主国家においては国民全体の利益のために存する。

国民は権力を行使し得る者を選任するけれども、その選任された権力者は、国民の上位に立つ者即ち支配者ではなく、却って国民に奉仕すべき者（憲法一五条）いわゆる僕となる。しかし、現実には権力は生きた人間が行使するものであり、また権力にはそれを持ち行使することに快感や優越感を持たせる魔力があるから、権力者はその理念を離れていつしか権力者自身のために国民の福利をないがしろにし、或いは一部の有力な国民の圧力によってその種の者のみの利益のために濫用される危険性は常に存する。

そのために、民主国家の制度としては常に権力者の把握する情報は権力者から国民に公開され且つ十分に説明され、権力者は国民に対し責任を負う者としてその監視の下に置かれ、国民のチェックを受け、仮に権力者が権利を濫用、悪用、誤用するようなことがあれば、最終的にその者は批判され罷免されるものとされていなければならない。権力に対する国民主権の行使とはかかることを言うのであって、それが現実になされる状態が我が国に存するとき、我が国は国民主権が実質化していると言えるものである。国民全体の意思によるのではなく、単にくじで個人に権力行使に関与させられることなどは、国民主権とは全く関係がなく、実質化などと言えるものでもない。

憲法前文に「そもそも国政は、国民の厳粛な信託によるものであって、その権威は国民に由来し、その権力は国民の代表者がこれを行使し、その福利は国民がこれを享受する。これは人類普遍の原理であり、この憲法は、かかる原理に基くものである」と規定されている。この国民の代表者に要請される資格は、国民の一般意思を指標としながら、しかもあらゆる分化的な個別の意思と利益を見失わず、社会的な現実の上に立ちつつ、しかも国民の理想を忘れないことである。つまり選良であり指導者たるべきものである（矢部貞治『政治学』勁草書房、３６５ページ）。

国家権力三権の一翼を担う司法権力を行使するものも、かかる資格を有する国民の代表者でなければならない。その趣旨を受けて規定されたものが憲法「第六章　司法」の規定である。もとよりこの代表者たるものの全てが国民の直接選挙に基づくものでなければならないという趣旨ではなく、直接または間接に、主権者たる国民の意思に基づくよう手続が定められなければならないとの意である（芦部前掲２５２ページ）。

全ての権力は、この国民から正当に授権されたと評価され得るものでなければならないことを、ここで特に強調しておきたい。

司法権力を正当に行使し得るもの

憲法は国家権力を立法、行政、司法の三権に分立させ、国会については「全国民を代表する選挙された議員で組織する」と定め（四三条一項）、行政については、内閣総理大臣について国会議員の中から国会の議決で指名することとし（六七条一項）、国務大臣は内閣総理大臣が任命することとし（六八条）、司法については、これを担当する最高裁判所の裁判官についてはその長は内閣の指名に基づいて天皇が任命すると定め（六条）、その長を除いた裁判官は内閣が任命することとし（七八条一項）、下級裁判所の裁判を担当する裁判官については最高裁判所の指名した者の名簿によって内閣で任命することとしている（八〇条一項）。

この選任権者、任命権者の定めについては、何故そのような定め方をしたのかについて、その理由と重要性は特に注目されるべきことである。

民主主義国家においては、立法という国家の基本的施策を定立する行為は、国民の意思に最も直結していなければならないから、国民の選挙という選任方法を選択し、行政については、議院内閣制という行政制度を選択したことに伴い、その長は国会議員の中から国会が選任する

（衆議院の優越を認める）、司法の職務担当者については、国民主権との正統性の保持と、司法という本質的に政治の組織原理とは異なり国民の多数決に馴染まず且つ少数者の保護を本来の職責とするものであることとの調整から、前記のような選任方式が選択されたと解されるのである。その際、我が国が明治憲法以来採用している職業裁判官による裁判の歴史を念頭に置いたであろうことは想像に難くない。アメリカの一部州で行われている裁判官の直接選挙による選任制度は否定している。

憲法第六章に定められている裁判官とは

憲法三二条に定める裁判所は、憲法第六章に定める裁判所以外にはなく、国家は国民に対しこの第六章に定める裁判所において裁判をうけることを認め、また、それ以外のものは裁判所とは認めないこととしたのである。裁判員制度の問題は、司法に対する理解の増進と信頼の向上、或いは司法の国民的基盤の確立をお題目として一般市民を裁判に参加させることの是非と効果、或いは制度設計を中心に議論されてきているけれども、その問題の本質は、憲法第六章に定める裁判担当者として裁判員を含めることは可能か否かという問題である（強制の問題は一応置く）。

最高裁大法廷の前記判決は、「憲法は、『第六章　司法』において、最高裁判所と異なり、下級裁判所については、裁判官のみで構成される旨を明示した規定を置いていない」と判示し、憲法制定過程等について縷々説明する。また、「憲法八〇条一項が裁判官のみによって構成されることを要求しているか否かは、結局のところ、憲法が国民の司法参加を許容しているかに帰着する問題である。既に述べたとおり、憲法は最高裁判所と異なり、下級裁判所については国民の司法参加を禁じているとは解されない」と判示する。また、憲法八〇条の解釈として「刑事裁判の基本的な担い手として裁判官を想定している」ともいう。

これらの一連の大法廷の判示からうかがわれる憲法第六章に定める「裁判官」なるものの最高裁の解釈は、我が国が明治憲法以来採用してきた、裁判官として任ぜられた者と解していることが分る。しかし、それは決定的誤解である。

宮澤俊義教授は、憲法七六条三項の裁判官について、「『裁判官』とは、裁判所を構成する者をいう。『裁判官』の『官』という言葉は、明治憲法時代には、天皇の任命する官吏を指すときに使われたが、もちろん日本国憲法では、『官』の字にそういう意味はない。裁判人または裁判員といっても同じことである」と説いている（『コンメンタール日本国憲法』日本評論新社、603ページ、傍線筆者）。

憲法八〇条一項の裁判官についても、これと別異に解すべき理由はない。同条に定める裁判官とは、下級裁判所を構成する者、下級裁判所において裁判を担当する者の総称である。つまり、憲法上は下級裁判所を構成するものは八〇条一項に定める「裁判官」以外にはないということである。

憲法は前述のとおり、司法を担当する者について第六章にその民主的正統性を担保する者としての任命形式を定め、任命される者の資格と権利を定めた。

憲法三二条に定める裁判所の裁判を担当する者は、憲法第六章に定める要件を満たすものであることが必要である。下級裁判所の裁判担当者は、まず国民の代表者としての実質的資格を有し、且つ司法権力を行使するものとしてその良心に従い独立して職権を行い得るもの、憲法と法律にのみ拘束されてその職権を担当し得る者であることが要求されることになる。かかる資格と能力のある裁判担当者を、下級裁判所については最高裁判所の指名した者の名簿によって内閣で任命することにより、その任命に民主的正統性を与えている。これが憲法が司法と司法担当者に関して定めていることである。なお、その最高裁判所の指名した者の名簿によることは、その任命について行政の恣意を許さないとする司法権の独立への配慮があるほか、名簿作成者の民主的正統性の確保も考慮されていると解される。

宮澤教授も説くように、憲法第六章に定める裁判官を、下位法である裁判所法に定める裁判官に限定して解すべき理由はない。

宮澤教授は、前掲の箇所に続いて、「ここにいう『裁判官』が公務員としてどのような地位を有するかはすべて法律の定めるところである」と説く（603ページ）。

それ故、一般の市民が、任期一〇年（常勤か非常勤かは関係ない）の身分の保障を得て、憲法七六条三項の能力を有し義務を果たすことができれば、その市民を裁判担当者として内閣が任命することは可能である。しかし、それ以外の者を下級審裁判担当者とすることは、司法権力者としての民主的正統性を欠く者として認められるべきではない。

憲法三二条の裁判所がかかる裁判担当者によって構成されるが故に、国民から信頼され得るものとして、国民はかかる裁判所の裁判を受ける実質的利益を得るのである。

因みに、宮澤教授は、「裁判官が結論を下すという建前を崩すことにならない限り、陪審員が訴訟手続に参与することは、必ずしも憲法の禁止するところではないと解すべきである」と説く（前掲宮澤598ページ）。そこに述べられている陪審員は、司法への関与者ではあっても、アメリカの小陪審員のような司法権力の行使者ではなく、憲法八〇条の要件を含め憲法第六章に定める裁判官と言えるものではないから、そこに定められている資格、能力が要求されることはなく、その点からすれば宮澤教授の説に異論を差し挟むことはできない。しかし、制度設計として、停止中の旧陪審法に定めるように、国民に義務を課す制度として設計されることは必定であり、その理由により、やはり陪審制度は認められないということにならざるを得ないと思われる。なお、宮澤教授がここで説いている陪審制度は、陪審制推進論者の説く事実認定権のあるものではないから、かかる事実認定権のあるアメリカ型の陪審制については宮澤教授も憲法違反と考えていたと思われる。

なお、この宮澤教授の論法からすれば、裁判官のみの判断と異なる判断をなし得る制度設計の現裁判員制度は、やはり憲法上容認され得ないことになろう。

裁判員制度の憲法の許容性

裁判員の職務が、下級裁判所における刑事裁判において、事実認定、法令の適用、量刑の判断に関与するものであることからすれば、裁判員は正に司法権力の行使者であることは疑いない。しかし、その選任はくじでなされ、任期も一事件限り、任命権者は内閣ではない、拘束されるべき憲法、法律については全くの素人であり、国民の代表としての資格も能力も持ち合わせることの期待できない者である。

そうであれば、裁判員法に定める裁判員は、憲法が裁判所における裁判担当者として許容する範囲内の者には到底入らない。なお、国家権力の行使について、いわゆる代表民主制を普遍の原理とする憲法の下で、司法についてのみ一見直接民主制的に一般市民の参加を定めることは異常なことであり、その採用のためには憲法上明文の規定がなければなるまい。

かかる内容の制度は、制度設計の詳細な検討を待つまでもなく、どこから見ても憲法の受け容れるものでないことは明らかである。

司法制度改革審議会（三〇回）における最高裁の「評決権を持たない参審員なら許容され得る」旨の意見は、そのような制度の採用の相当性はともかく、筋としては大法廷判決よりははるかに優っていたと言えるであろう。つまり、その意見は司法権行使者としての民主的正統性に疑問を呈したものとも解し得るからである。

かかる見解からすれば、裁判員対象事件の被告人は、憲法三二条により、裁判員裁判を受けることを拒否することができるのは当然のことである。前記大法廷判決にかかる事件の小清水弁護人が、憲法八〇条第一項本文前段の「正規裁判官」の任命制度と裁判員法の「裁判員」の選任制度との齟齬矛盾の問題だけを上告趣意として取り上げ、原判決破棄の成果に自信を持ったのは、その理由付けは別として、当然のことであったと思われる。

裁判員を拒否することは国民主権の行使

裁判員に就任することは、国民の司法参加であって、主権者が司法権力の直接行使者となりその権力を行使し得る絶好のチャンスだ、それは参政権と同様の権利だから苦役ではない旨、最高裁判所は言った。日弁連も国民主権の実質化だと言った。確かに裁判員になることは権力行使の蜜の味を味わう絶好のチャンスであり、現に裁判員になって良い経験をしたと言って喜んでいる人々が結構いるそうである。

しかし、そのような人々は、憲法上本来してはいけないことをしている、やらされているという認識を持つことが民主国家の国民としての健全性の証であることを知るべきである。また、裁判員として候補者に選ばれ具体的事件で裁判員に選任されたとき、もし就任が嫌なら、「憲法上私は無理にこんな仕事をやらされるいわれはない。私たちはそのために裁判官を選んだ。裁判官はしっかりそのつとめを果たしなさい」と言って断ることができる。仮に裁判員を担当してみたいと思う人がいたとしても、「この制度は憲法上許されないものだから、残念ながら私はなりません」とソフトに辞退することが国民のつとめである。

そのように国家権力に対し主権者として明確に批判、拒否の意思表示をすること、それこそが国民主権の実質化と言えるものである。素人が罰則の脅しで司法権力に加担させられることが、国民主権の実質化などといえるはずがない。日弁連は、国民主権と権力との関係を間違って捉えている。

国民を裁判員に強制することの問題

裁判員制度が制度として存在を許されない以上、国民に対し裁判員となることを義務化することの正当性の認められる余地は自ら消滅する。

裁判員法に基づく国民参加型の裁判の違憲性は明らかであるとしても、裁判員制度とは別の形で、前述のように、一般国民が民主的正統性を得て下級審裁判担当者となることがあるとした場合（憲法八〇条の解釈として絶対に有り得ないことではない。例えば、任期一〇年の非常勤参審員で優れた人格と学識を兼ね備える一般市民を各地の裁判所に配置することなどは考えられないことではないであろう）、その者を強制してその地位に着かせることは可能か。

その答えは子供でも簡単に出せるであろう。我が国の国民を義務的に公務、つまり全体への奉仕の職務に着かせることを容認する規定はどこにもないし、苦役云々を言う前に、個人の尊厳を最大の価値とする我が国の憲法がかかる強制を容認するものでないことは明らかである。

万に一つでも裁判員制度の国民参加が合憲だと解されることがあったとしても、一般市民を罰則の脅しをかけて裁判員とすることを合憲と解する道は全くないと断言できよう。司法権力者が主体性を持たずやる気のない者で構成されることは想像の限りではない。

最高裁大法廷が上告趣意を捏造してまで合憲と判断した裁判員制度について、裁判官が代わりしたからといってそう簡単に違憲の判決を下すという、いわば鼎の軽重を問われるようなことをするはずはないから、今はそのようなことを期待する前に、国民が制度批判の行動を継続して行い、立法者を目覚めさせることが肝要だと考えている。

3 「国民と司法のかけはし　裁判員制度」……?――偏向司法への警告

二〇一四年一一月下旬、福岡の「市民のための刑事弁護を共に追求する会」のお招きで、福島国賠訴訟判決についてお話をする機会が与えられた。福岡は私の裁判官としての初任地ということもあり、市内に二泊して久しぶりに街を歩いてみた。大濠公園や西公園にも足を延ばした。大濠公園のほど近くにある福岡高裁庁舎を見たとき、一瞬どきりとした。その庁舎玄関の上方に「国民と司法のかけはし　裁判員制度」と大きく横長に書かれている看板を見つけたからである。「裁判員制度」だけが朱色で表示されていた。

私の住む仙台の裁判所にも、その周りを囲む塀の一角に「裁判員、ともに」と書かれた看板が立っているが、私は、この「かけはし」の言葉に「裁判員、ともに」とは異質の、その裁判所の裁判員制度にかける並々ならぬ思いを感じた。仙台の裁判所構内に掲げられている「裁判員、ともに」も、裁判員制度の肯定を前提とする標語であるから、制度反対の私には決して気分の良いものではないが、法制度として市民の参加する裁判が現に定められている以上、「裁判員をともにつとめましょう！」程度のことなら仕方がないかなとは思っていた。ただし余談だが、現在、仙台高裁には、一審福島地裁で行われた国賠訴訟の控訴審が係属していることを考えれば、最高裁の通達によるにしてもこのような宣伝めいたものは掲げない方が良いのではないかと思っている。

強い違和感とその理由

ところで、この福岡高裁庁舎の「国民と司法のかけはし　裁判員制度」の標語は、福岡の裁判所が、どういう状況認識の下で、何故に「かけはし」なる言葉を用いたのかはわからないけれども、忖度すれば、これまで司法は国民からは縁遠い存在だったけれど、裁判員制度という一般市民が裁判に直接関わる制度ができれば、一般市民と司法との距離は縮まり、いわゆる裁判というものが国民に身近なものになるとでも言いたいのではないかと思われる。しかし、それは単に裁判員として参加してほしいというものではなく、紛れもなく制度の意義を強調しその推進を狙うプロパガンダである。

仮に、福島国賠訴訟のような事件が福岡地裁或いは高裁に係属していたとしても、福岡の裁判所はこの看板を下ろすようなことはしなかったであろうか。福島国賠訴訟の記事は全国紙に複数回掲載された。福岡の裁判所も当然その事件のことは知っていたであろう。しかし、それはあくまで他人事、福岡の問題ではないから、今ここで急に金をかけてその看板を下ろす必要はないとでも判断したのであろうか。

裁判員制度は、多くの憲法問題を含むものであることはつとに指摘されていた。それでも、かかる宣伝看板を掲げることは、当初からこの制度批判の意見は受け入れませんよと宣明しているようなものになるとは考えなかったのであろうか。

福岡在住の弁護士の方々はあまり気にも留めず、この看板にはさしたる抵抗を感じなかったのかも知れないけれども、国を相手に裁判員制度の違憲性を前面に掲げて国賠訴訟を提起、遂行してきた弁護士としては、裁判所がかかるスローガンを玄関の上部にでかでかと掲げて、裁判員制度を推奨しているのを見せつけられれば、そのような裁判所を相手に、裁判員制度の違憲性を主張し、最高裁判所裁判官一五名の上告趣意捏造による当方依頼者への不法行為を大真面目で主張したものとしては強い違和感を覚えざるを得なかった。

正直、私は、福島国賠訴訟では勝訴もあり得ると読んでいた。最高裁大法廷判決が何を言おうと、正論をぶつければ、独立の気概のある裁判官であれば私らの主張を受け入れてくれるのではないかという期待を抱いていたのである。結果は、その期待を見事に裏切るものであった。あそこまで非論理的理由付けで負かされるとは思わなかった（その判決批判は第二章1に掲載）。

全体主義国家の司法!?

しかし、私は、この福岡高裁庁舎玄関の上のスローガンを見たとき、二〇一一年一一月一六日最高裁大法廷裁判員制度合憲判決に見る裁判員制度維持にかける最高裁判所の執念が全国津々浦々の裁判官に浸透し、こと裁判員制度に関しては、それを否定し或いは弱体化させる主張は、それがどんなに正当性のあるものであっても、到底採用されるものではないことを、改めて思い知らされたのである。いわば、現在の最高裁を頂点とする司法は、こと裁判員制度に関しては一つの全体主義国家の司法の様相を呈していたということである。私は何と空気の読めない愚かな行為をしたものかと自嘲したくなった。この国賠事件の控訴について、依頼者が私を見限ったのも、むべなるかなとさえ思った。それが今の裁判所の現実の姿である。

しかし、最高裁を頂点とする裁判所は、その現実のままで良いのであろうか。問題は、裁判員制度という、戦後最大の司法改革に直面し、一定期間の広報義務を課された最高裁とは言え、その制度が施行された後においても、各地の裁判所に前述のような制度の存続推進の看板を掲げさせ、或いはそれを黙認し、その推進を図ることは許されるのであろうかということである。

日本国憲法のもと、裁判所は違憲法令審査権を与えられた（八一条）。国会、行政官庁、地方公共団体等の定める法令は、全て裁判所の憲法判断の対象になる。裁判員法とて然りである。その判断に際し、国策であり、最高裁がその成立に関与したからと言って、その法令の憲法判断にバイアスをかけてはなるまい。

ここで、現憲法のもと、司法とは何か、司法を担当する裁判所は何をなすべきであり何をしていけないかという根本的問題について、考えなければならない。

司法権とは法律上の争訟を裁判する国家作用を言い、具体的には、紛争の解決、犯罪事実の認定と有罪と認定した場合の科刑がその主たるものである。いずれの職務についても要求されることは、憲法のもとに公正、公平、不羈独立でなければならず、その基本は立法行政という強大な権力に対してでも貫かれなければならないということである。憲法七六条三項の立法趣旨は正しくその点にある。また、裁判所に違憲法令審査権が付与されているのも、司法が立法府、行政府の行為についてそこに違憲性があるかどうかを、立法府、行政府の狙いの如何に拘わらず、冷静に、憲法を解釈適用していくことが求められ、間違っても、その立場を歪めて立法府、行政府と一体となり、或いは一体を疑われるような行為、判断をしてはならないということである。

裁判員制度について、裁判員法は当初最高裁に対しその広報義務を課したが（それについては拙著『裁判員制度廃止論』34ページで批判した）、違憲法令審査権の対象なり得る法制度について、間違ってもその制度の推進に手を貸すなどということはあってはならないことである。

本当の〝かけはし〟とは

二〇一五年六月五日、裁判員法の一部改正法が成立した。その審議の過程で裁判員制度の存在そのものに疑問を投げかける議論はついぞ聞かれなかった。

日本法律家協会の発行する雑誌『法の支配』第一七七号（二〇一五年四月）は裁判員制度の特

集を組んだが、それも、制度の存廃の議論を差し置いてその制度の改善を唱えるものであり、特集記事の中の座談会の参加者は、いずれも制度が順調に運営されていると述べていた。制度施行六年を迎えて、全国紙の社説も同様に、多少の問題意識は持ちながらも、制度改善を促す内容のものであった。

立法、行政、マスコミ、この三大権力は揃って裁判員制度推進に走る。日弁連も従来の推進の態度を変えない。本来、これらの動きに対しては中立でなければならない司法までもが、推進のスローガンを掲げている。

ところで、最高裁による最新の国民の意識調査では、「裁判員として刑事裁判に参加したいと思うか」という質問について、「義務であっても参加したくない」が男性32・6％、女性47・9％、「あまり参加したくない」男性48・8％、女性44・5％、これら裁判員となることに消極的な者は男性81・4％、女性92・4％である。それが権力者らの「制度は順調に運用されている」と言っていることの真実の姿である。国民が主体的に参加することが本来の姿であるとされる制度について、主体的参加への消極派は年々増え続けているというのに、何故に制度は順調に運用されていると言えるのであろうか。その発言には首を傾げざるを得ない。

司法は権力の動きやマスコミの動向に惑わされてはならない。司法はその原点に立ち返り、国民、被疑者、被告人の基本的人権の擁護のために、その全ての精力を注ぎ、正しい憲法判断を示すべきである。

「国民と司法のかけはし　裁判員制度」の看板は一刻も早く撤去さるべきであろう。いまさら言うまでもないが、国民と司法のかけはしは、司法が、その本来あるべき公正、公平、独立を貫き国民の基本的人権の砦となることによって得られる国民からの強い信頼以外にはない。

4　求刑一・五倍破棄判決の余波——裁判員制度崩壊への歩み

はじめに

二〇一四年七月二四日に最高裁第一小法廷が言い渡した傷害致死被告事件判決（平成二五年（あ）第六八九号、以下「一小判決」という）は、一審大阪地裁裁判員裁判において、被告人両名に対しそれぞれ検察官求刑の一・五倍の有期懲役刑が言い渡され、控訴審大阪高裁もその一審判決をそのまま是認したという日本の刑事裁判史上極めて珍しい事件の上告事件であったことにより、マスコミも事実として報道するだけでなく社説としても取り上げ、また、ネットでも種々の意見が述べられた。ネットで見られた市民の意見には、「刑事司法に市民感覚を反映させるという制度の初期の目的を見失わせる」とか、「量刑検索の相場通りに量刑が決まるのならプロの裁判官のみで下すのと何ら変わらず、裁判員が加わっての評議は無用になる」、「裁判員裁判が破棄されれば制度は形骸化する」などの批判的意見が多かったように思う。

また、新聞の社説には、「市民感覚」を裁判員裁判にどう生かすか、処罰の公平性との調和をどう図るか、現場で具体的な方向性を示してもらいたい（『福井新聞』八月九日オンライン）、事案と判例のずれが問題なのであれば立法、行政の努力を促す働きを持つ（『河北新報』八月六日付社説）というものもあった。

私のように裁判員制度の存続を容認しない立場からすれば、今回の一小判決のとった原判決破棄の結論は何ら奇異なこととは思われない。ただし、その判決の理由中に示された「裁判員制度は刑事裁判に国民の視点を入れるために導入された。従って、量刑に関しても裁判員裁判導入前の先例の集積結果に相応の変容を与えることがあり得ることは当然に想定されていたということができる」との判示については、到底容認し得ない。

「裁判員」のイメージ

この判決は、我が国の裁判において裁判員とはいかなる存在であるべきかについて、これまで多くの国民が、マスコミを含めて漠然と抱いてきたイメージに動揺を与え、裁判員制度ってなに？　という制度自体への疑問を改めて抱かせるに十分だったということであろう。

ここで、制度立案者、そして制度運営に携わってきた人々のこれまで「裁判員」について抱いてきたイメージを概観してみたい。

司法審の意見書は、司法への国民参加の提言について、「国民の健全な社会常識がより反映されることによって」、また「裁判員が関与し、健全な社会常識が反映させることとすべきである」などと裁判員制度の意義を述べていた。つまり、裁判員とは裁判に国民の健全な社会常識を反映させるものとのイメージを抱いていたようである。

制度運営に関与している最高裁・法務省は、「国民の視点、感覚が反映される」とホームページで述べ、先の二〇一一年一一月一六日最高裁大法廷判決も、「国民の視点や感覚と法曹の専門性との交流が相互の理解を深める」と説く。つまりここでは、国民の「健全な社会常識の反映」は消え、国民の視点や感覚を反映させるものと変化している。

日弁連は、「市民の司法参加は……司法に健全な社会常識を反映させ、民主主義をより実質化するものであり、これによって司法に対する理解が深まり信頼が高まることが期待されています」と裁判員法の趣旨を敷衍している（日弁連二〇〇九年ブックレット）。つまり、司法審と同じイメージを抱いている。

立法過程においては、衆議院本会議（二〇〇四年三月一六日）で野沢太三法務大臣はその導入の意義について、「広く国民が裁判の過程に参加し、その感覚が裁判の内容に反映されることによりまして、司法に対する国民の理解や支持が深まり、司法がより強固な国民的基盤を得ることができるようになるという重要な意義があるものと考えております」と述べ、それに付け加えて「迅速な裁判とわかりやすい裁判の実現」という制度の効果の側面もあわせ述べている。また、「社会秩序や治安、あるいは犯罪の被害や人権といった問題について、それぞれの国民にもかかわりのある問題としてお考えいただく契機になるもの」とも答弁している（『衆議院法務委員会会議録』九号5ページ、『参議院法務委員会会議録』一五号12～13ページ)。このことは、国民としての感覚を裁判に反映させるものとのイメージについては最高裁・法務省と同じだが、社会秩序や人権について考えさせる対象とのイメージもある。

ところで、裁判員法第一条は、「司法に対する国民の理解の増進とその信頼の向上に資することにかんがみ」と、その制度の趣旨を定める。裁判員が裁判官と共に刑事訴訟手続に関与することが、何故に司法に対する国民の理解の増進とその信頼の向上に資することになるのかについては定めていない。

今回の一小判決も、前述のように、「裁判員制度は刑事裁判に国民の視点を入れるために導入された」と裁判員制度の意義を記している。また、前記大法廷判決は前述のほかさらに、「刑事裁判に国民が参加して民主的基盤の強化を図ること」「この制度が国民主権の理念に沿って司法の国民的基盤の強化を図るものであること」と表現し、日弁連の意見に類似した内容を述べる。

ところで、一方、政府参考人を務めた山崎潮司法制度改革推進本部事務局長は、前述の野沢法務大臣の発言内容をさらに強調して、法制定後の座談会で「国民もみずから参画して社会を守っていくのだという意味での意識改革をしていただきたい、それを国民に問うものだ」と述べている(『法律のひろば』五八巻№6、61ページ)。

裁判員法は裁判員をどう捉えているか

裁判員法が何を目指すものかについては、法律は何ら明示せず、ただ裁判官と裁判員との刑事訴訟手続への共同関与が「司法に対する理解の増進と信頼の向上に資することにかんがみ」と規定しているだけである。それについて、最高裁、法務省、日弁連は、司法制度改革審議会の意向に沿ってその趣旨を、前述のとおりそれぞれの立場で適当に忖度して述べているに過ぎない。マスコミ、市民もいつしかそのように思い込まされてしまっている。

裁判員法が定める「司法に対する理解の増進」とは、国民は司法についての理解が困難だから理解され易いように国側が努力する、また、「信頼の向上」とは、現在の司法が国民の信頼を十分に得られていないから得られるように国側がもっと配慮する、というように文理上はとれる。

これらの意見の大勢には、裁判員の視点や感覚或いは健全な社会常識が裁判に反映されるという点で感覚的に民主的傾向を採りいれていると受け止められているように思われる。

最高裁大法廷判決のように「国民の視点や感覚と法曹の専門性との交流が相互の理解を深める」と裁判員法第一条の理解増進到達の理由を忖度するものや、野沢法務大臣のように「国民の感覚が裁判の内容に反映されることによって司法に対する国民の理解や支持が深まる」と述べるものもあるけれども、法律そのものには、前述のとおり、裁判員の感覚が裁判内容に反映される、それによって司法に対する理解が増進する、信頼が向上するなどと根拠付けはしていない。そればかりではなく、裁判員の参加は国民の意識変革を求めるものだという政府参考人の腹を割った意見や、さらに前述の野沢大臣の「社会秩序や治安について考えていただく」発言もあり、また、官僚裁判官のしている仕事をじかに見てもらって裁判官がいかに信頼されるに足る仕事をしているかを見てもらうと公言していた元裁判官もいた（佐藤文哉元仙台高等裁判所長官『ジュリスト』一二〇八号153ページ）ことなどからすれば、この裁判員法一条の理解の増進、信頼の向上という用語は、最高裁を初め多くが述べる、裁判員の感覚や意見、或いは健全な社会常識の裁判への反映に当然に直結するものではない。

裁判員の民主的正統性

しかし、それでも前述のように、国民の感覚が裁判の内容に反映される、国民の視点や感覚と法曹の専門性との交流によって相互の理解が深まるなどと法務省や最高裁は言う。ここでいう国民とはいかなるものと考えられているのであろうか。国家権力の行使、国家意思の決定は、究極的には国民から授権されたものによってなされるのが民主主義社会の権力のあり方である。いわゆる、民主的正統性を有すべきであるということである（後述司法審第三二回竹下会長代理発言参照）。ここにいう国民は、個々の市民ではなく、その市民全員によって構成されるシンボル的存在である。各人が法律を作り、これを執行し、法律解釈をするのではない。

古い話になるが、現憲法施行直後、文部省は浅井清氏（初代人事院総裁となった憲法学者）らの助力を得て『あたらしい憲法のはなし』という本を作成した。それは民主主義を知らなかった国民に、民主主義の何たるか、新憲法の何たるかを分かり易く教えようとした、現在においてもその価値の薄れることのない名著であると私は思う。その中に、「主権は日本国民ぜんたいにあるのです。ひとりひとりがべつべつにもっているものではありません。ひとりひとりが、みなじぶんがいちばんえらいと思って、勝手なことをしてもよいということでは、けっしてありません」と記されている。ここで指摘されていることは、憲法前文で述べられている国家権力の行使と国民主権原理との基本的あり方であり、国民が国家権力と関わる場面では、国民の総意に基づいて権力は行使されなければならないこと、そして各人は権利の享受者として主権者の地位にあるということである。

裁判員制度で、偶々くじで選ばれた市民が、裁判において意見を述べたり、感想を語ったり、評決に参加することは、「民主主義社会における国民主権の実質化である」（日弁連）とか「刑事裁判に国民が参加して民主的基盤の強化を図る」（最高裁）などと民主主義に結び付けて考えることは本来誤りであり、国民を惑わすものだということである。

司法審第三二回審議会（二〇〇〇年九月二六日）の冒頭で竹下会長代理は、国民の司法参加の制度の意義について、「国民主権ということから、直ちに立法、行政と同じように、当然に司法権の行使にも国民が参加すべきであると説くとするならそこには論理の飛躍がある」と述べ、司法の民主的正統性は裁判官の民主的任命制度に求めるべきであると主張している。中間報告の段階では、この国民の司法参加の意義としては国民主権ないし民主主義を据えるという理解が審議会全体の意見としては認められず、その後それは司法制度改革推進本部においても維持されている。裁判員法一条の「理解増進」「信頼向上」という用語は、国民の司法参加の民主主義的基礎づけ説の否定の意図のもとに表現として採用されたものであると説かれている（柳瀬昇「裁判員法の立法過程」『信州大学法学論集』八～一一号、特に八号38ページ、九号230ページ、一一号144ページ）。

前記大法廷判決は、憲法七六条三項違反の問題を上告趣意に含まれるものとことさらに構成し判断している。かかる判断をすることは本来許されることではないけれども、一応ここではその点には眼をつぶってその判断内容を見よう。「憲法が一般的に国民の司法参加を許容しており、裁判員法が憲法に適合するように法制化したものである以上、裁判官が時に自らの意見と異なる結論に従わざるを得ない場合があるとしても、それは憲法に適合する法律に拘束される結果であるから、その違反の評価を受ける余地はない」、これが憲法七六条三項と裁判員制度に関する最高裁大法廷判決の憲法論である。この点についての批判は別に述べたけれども（拙著『裁判員制度廃止論』141ページ以下）、ここでは「国民の司法参加」と称していること自体に誤解があることを先ず指摘したい。

前述のように、司法権という強大な国家権力を行使するものは、国民の中の一人ではなく、国民という本来は目に見えないシンボルから授権されたものであるべきであり、たまたま衆議院議員の選挙権を有する者の中から原則無作為にくじで選ばれた一市民は、憲法第六章の規定上、国民から権力行使を授権されたものとは到底言えない。また、かかる者が裁判体に加わり評議に参加することは、憲法の許容するところではなく、ましてかかる者の発言が裁判官の判断に、ひいては判決の結論に影響を与えることは、憲法七六条三項の禁ずるところである。

前述の大法廷判決の「憲法が一般的に国民の司法参加を許容しており」と断定するためには、かかる一般市民の裁判関与がその民主的正統性ありと言えるのか、国民の代表としての授権のない者の裁判関与は憲法七六条三項に違反しないのかという検討過程を経て初めて出されるべき結論であるのに、大法廷判決は裁判員制度の違憲判断をなすについて、かかる論理法則を踏み外して論じているものである。

尊重し過ぎた裁判員の意見

裁判員制度の下では、一審裁判官は裁判員裁判であるということだけで、裁判員なる市民の意見に影響され、本来あるべき、国民から裁判官として授権された司法権の行使を歪める可能性があることは否定し得ない。もとより、一審の評議の内容はその秘密性の故に明らかではないが、検察官の求刑より一・五倍も長期の有期刑を言い渡すことは、これまでの裁判では殆ど有り得なかったことであるから、その判決は裁判員の意見に影響されて下された可能性は否定し得まい。

本件一小判決は、この求刑一・五倍判決について、結論として一、二審判決を破棄自判し、被告人のうち一名に求刑どおり、他の一名に求刑を下まわる刑を言い渡した。

直接主義・口頭主義を徹底させる立場からして、一審に差戻し、裁判員裁判をやり直すという選択肢も裁判員制度推進の最高裁の立場からすれば有り得たのではないかとも考えられるけれど、被告人の負担を考えれば、後者の選択肢はなかったかも知れない。もとより、事実関係の詳細を知らない私は、自判した量刑の相当性を論じる立場にはない。

本来論ずべきこと

一小判決が本件で論ずべきだったのは、裁判員裁判をどの程度まで尊重し得、またすべきかという立場からのものではなく、本来量刑とはいかなるものであるべきかであり、そのあるべき限界を踏み外した量刑は、裁判官裁判であろうが、裁判員裁判であろうが、均しく正されなければならないということである。

刑事裁判においては、被告人は公平な裁判を受ける権利があるから（憲法三七条）、それが裁判官裁判だからとか、裁判員裁判だからといって差等が設けられて良い筈はない。刑罰も、国民の代表が定めた法律に定められているものであり、解釈の幅に多少のゆとりのある一種の法律解釈なのであって、その枠を踏み外すことは許されない。

例えれば、道路に印されている車線の走行のようなものである。車線は、鉄道のレールとは異なり、自動車の車幅よりはゆとりをもって広く引かれている。通常はその車線の中心部分の走行が望ましいけれども、多少は左右に寄る走行もあり得る。しかし、その車線を踏み外すことは極めて危険であり、危急を避ける場合などの例外を除いて原則的には許されない。

量刑も同様であって、裁判体がいかなるものであっても、もともと踏み外してはいけない線があるのであり、それは裁判体が裁判官のみか、裁判員が加わっているか、裁判官の構成人数がどうかは関係がない。

なお、一小判決はその理由中において「公益の代表者である検察官の……求刑」と述べるけれども、その理由付けはおかしい。検察官が公益の代表者であるからといって正しい求刑につながることはない。その求刑は、刑事政策についての責任者として、全国的公平性を保つ立場から多くの先例から集積されたデータの保持者としての信頼性を有する者ということでなければ説得力はあるまい。

以上述べてきたことは、要するに、裁判員は裁判という国家権力の行使者としての民主的正統性の全くない一市民に過ぎないものであるから、司法審第三〇回審議会での最高裁意見のように、市民の意見の陳述とその尊重までは可としても、裁判員法第六七条の規定に関わらず憲法上その意見を裁判の結論に影響を与えるような形で対応してはならないということである。それは単に量刑においてばかりではなく、事実認定、法令の適用の場においても当て嵌まることである。

白木補足意見について

一小判決の裁判長である白木勇裁判官は、本判決に補足意見を記している。まず量刑についての基本的なあり方についての私見を述べ、さらに裁判員との量刑評議のあり方にも言及している。

「量刑判断の客観的な合理性を確保するため、裁判官としては評議において当該事案の法定刑をベースにした上、参考となるおおまかな量刑の傾向を紹介し、裁判体全員の共通の認識とした上で評議を進めるべきであり、併せて、裁判員に対し、同種事案においてどのような要素を考慮して量刑判断が行われてきたか、あるいは、そうした量刑の傾向がなぜ、どのような意味で出発点となるべきなのかといった事情を適切に説明する必要がある。このようにして、量刑の傾向の意義や内容を十分に理解してもらって初めて裁判員と裁判官の実質的な意見交換を実現することが可能になると考えられる」

その意見は要するに、裁判員が証人や被告人の法廷での供述等証拠から受けた率直な印象だけではなく、量刑のあり方や過去の量刑に関して裁判官から基本的なレクチャーを受けてその傾向を知り、それらを総合して意見を述べてもらうことが必要だというのである。

しかし、その白木裁判官の意見は、裁判員のイメージを、法律を無視して勝手にある意味で理想化しているものである。義務教育を終了してさえいれば就任可能な裁判員に、そこまで求めないと適正な量刑が不可能だというのであれば、そもそも裁判員制度の制度設計に根本的な問題があったということになりはしまいか。また、裁判員制度というものは、単に市民の視点や感覚の反映、国民の健全な社会常識の反映が謳い文句の制度であっては困ると言っているようなものになる。これまでの謳い文句は、市民呼寄せのための偽りのプロパガンダに過ぎなかったということになる。「私の視点、私の感覚、私の言葉で参加します」という標語は、その偽りの典型になる。

この白木裁判官は、同補足意見の中で、自ら「いわゆるチョコレート缶事件」と呼称して言及している事件での自説について弁解している。私は先にこの事件の判決に関して意見を述べ、白木裁判官が同判決の補足意見として述べていることについても批判したことがある（前掲拙著151ページ以下）。その中で私は、同事件の白木補足意見はいわゆるラフジャスティス、アバウト裁判の容認と解されるものであって、刑事訴訟法上到底容認し得ないと批判し（同著160ページ、169ページ）、「裁判員裁判においては、ある程度の幅を持った認定、量刑が許容されるべきことになるのであり、そのこととの了解なしに裁判員制度は成り立たないのではなかろうか」との白木意見について、私は「ラフジャスティスでなければ裁判員裁判は成り立たないことを認識しつつ、ラフジャスティスを容認してでも裁判員制度を維持させたいという熱意、情熱の発露がこの判決の生みの親であったと思わざるを得ない」と評した。

この白木ラフジャスティス意見は、私の先の車線の例によれば、これまでの裁判官裁判では車線内走行でなければならなかったけれども、裁判員裁判では多少は車線を踏み外してジグザグ走行をしても良いということにでもなろうか。本件の破棄の対象となった求刑一・五倍下級審判決は、ジグザグ走行どころか完全に対向車線にはみ出して走行してしまったようなものであり、かかる事態を招くに至ったのは、この熱意、情熱の発露の効果が白木裁判官の予想をはるかに上回って下級審裁判官を刺戟し過ぎたことが影響したのではないかと推察される。

白木裁判官が慌てて、今回の求刑一・五倍判決中においてその前の自分の意見について弁解したのが前記本件補足意見である。しかし、その弁解は、チョコレート缶事件における自己の意見についての弁解になるどころか、市民感覚の素直な反映、つまり「私の視点、私の感覚、私の言葉で参加します」という一般に認識されていた裁判員制度のイメージの完全な否定になってしまっている。さらにこの白木裁判官の弁解は、裁判員制度について耳当りの良い前記のプロパガンダを使ってそれを広く国民に推奨してきた最高裁の失態を印象付けるものとなった。これが冒頭に述べた市民、マスコミの意見となって表れていると解される。

つまり、この一小判決が裁判員制度にもたらしたものは、単に量刑の問題だけではなく、もはや制度の存続の否定の宣言にもつながるということである。

おわりに

たまたまこの稿の起案中に、私ほか一名が原告代理人を務めた福島国賠訴訟の判決があった。結論は原告の請求棄却であった。その理由は要するに、原告が裁判員として誠実に職務を遂行したことによって急性ストレス障害になったことは認められるけれども、しかしそれは制度の違憲性に由来するものではない、国民の正当な義務の遂行の過程でたまたま発症したものであるから国には責任がないという驚くべき国民の基本的人権無視の判示である。

その判決の不当性はともかく、この制度は元々国民を傷つけるもの、困らせる制度の最たるものである。市民はそれを承知の上で裁判員になりなさいということにつながる。自分が裁判員になるとどんな身体・精神状態になるかは分からないから私は裁判員を辞退しますと言えば、国はそれを受け入れなければならなくなったということである。もとよりそのように言うことは決して嘘をつくことにはならない。一度も経験したことのない裁判を経験して自分の身体・精神にどんな変化が生じるかは誰も予想はできないからである。それだから、その辞退理由としての言葉を大っぴらに国民に知らしめることが許されることになった。それればかりではなく、最高裁は、政治的中立の官署として裁判員制度を国民に正しく周知させようとするならば、そのホームページで、そのように申告して辞退できることをありのまま国民に周知させるべき義務があろう。

而して、裁判員制度は求刑一・五倍破棄判決の影響と相俟って近く終焉の日を迎えることになる。

第二章　裁判員の心を蝕む制度

1　福島国賠訴訟の地裁判決を批判する

はじめに

福島地裁が裁判員国賠訴訟で二〇一四年九月三〇日に下した判決は、原告の請求を棄却する、つまり原告の負けということであった。私ほか一名の弁護士がその訴訟で原告代理人を務めた。

この事件は、福島地裁郡山支部で裁判員として強盗殺人被告事件に関与し、その証拠調べとして殺人現場の生々しい写真を見たり、被害者が死亡直前消防署に救いを求める断末魔の叫びの録音を聞いたりしたことによって急性ストレス障害になった郡山市在住の女性Aさんが、国に対し損害賠償請求をしたというものである。

その請求を根拠付ける事実としては、裁判官の訴訟指揮や検察官の立証活動に不法行為があったと主張することも考えられたけれども、その故意過失の構成に問題があること、また、予備的にでもそのような請求原因を主張すれば、この裁判員制度について最高裁判所同様に、なりふり構わずその合憲判断を示した上で、あっさりと請求を認容し上級審での憲法判断の機会を消す可能性もあり得ると考えて、代理人間で協議の上、憲法問題一本で行く、言わば私らも自ら退路を断ち、裁判所にもその退路を断たせて憲法判断を求めるという道を選択したわけである。

この判断は、お金の問題ではない、私のような苦しみはもう他の人に味わわせたくないという依頼者Aさんの強いご意向にも沿い、その同意を得たものであった。

裁判の論点

憲法問題としては、まず、立法を必要とする社会的・経済的事実――これを立法事実と言うが、その立法事実がないのになされた立法は憲法に違反すると解されており（芦部信喜『憲法第5版』218、372ページほか）、裁判員制度にはその立法事実はないと主張した。さらにまた、これが最も大きい争点であったが、国民に対し裁判員となることを過料の制裁を課してまで強制することは、憲法一八条後段の苦役からの自由違反、第二二条一項の職業選択の自由違反、個人の尊重を規定した第一三条違反だということを指摘し、このような憲法違反の立法をした国会議員には過失があり、それにより国は国家賠償法上Aさんに賠償義務あると主張した。

裁判所は、その判断の冒頭において、最高裁平成二三年一一月一六日大法廷判決の判断をそのまま引用して、「憲法は一般的には刑事裁判に国民の司法参加を許容している」と判示し、さらに「憲法自体が国民の司法参加を容認していると解される以上、その実現のために国民に一定の負担が課されることは、憲法の予定するところであって、その負担に必要性が認められ、かつその負担が合理的な範囲に留まる限り、憲法一八条後段には違反しないと解するのが相当である」と判示した。

この判示は、大法廷判決の判示する裁判員となることとの参政権同様論とは異なり、裁判員義務容認論を打ち出したものでもあり、本判決の判示の中で特に重視されなければならないものの一つであろう。しかし、第一に納得しがたいことは、憲法が国民の司法参加を容認していると解されることと、何故にそれが国民に負担が課されることに当然に結びつくのかが不明であることである。現在でも、例えば調停委員、司法委員、専門委員などの参加がある。負担という言葉を裁判所はどのような認識で用いたのかは定かではないけれども、それらの国民参加は決して強制されたものではないから負担という言葉には馴染むまい。国民参加が、負担或いは強制に当然に繋がるものではない。

ほかにも、この大前提が何故に正当化されるのかについての理由はどこにも記されていない。その判示は独断以外の何ものでもない。

立法事実を全く理解していない判決

判決は、上記のような大前提を示したあと、司法審意見、国会審議における法務大臣の発言、司法制度改革推進本部事務局長の発言を引用し、その内容を一切検討することなく丸ごとこれを肯定し、裁判員制度の必要性について、つぎのように、いかにもわかったようなことを並べる。

「社会経済構造が、国民の自己責任の原則の下に自己の権利・利益の実現を図る社会に変革するであろうとの予測の下に」、司法にも新たな役割が求められる、そのためには司法の国民的基盤の強化が必要であり、その手段として国民の司法参加が必要だという。

何故に、またいかなる道筋で、いかなる形で社会経済構造が変革するというのか、それが何故に予測されるのか、それと司法とがどう結び付くのか、司法の国民的基盤の強化が必要だと言うのならば、現在の司法の現状について如何なる認識を持っているのか、その国民的基盤は弱体だというのか、その基盤の強化と国民の参加の必要とは何故に結び付くのか等、これらの諸々の疑問に対する説明が十分になされるべきなのにその説明はどこにも見当たらない。

司法審、国会、推進本部の事務局長があぁ言い、こう言ったから、或いは最高裁がこう判示したからこの結論に到達したというだけでは、本来独立して証拠に基づき問題の本質に迫るべき裁判所としては国民に対する説明責任を果たしたことには全くならない。

判決はさらに、国民の司法参加の実現の具体的方策の一つとして裁判員制度が選択された理由について述べる。要するに、刑事裁判は国民に身近な事件、判決の尤もらしい用語によれば「国民の関心も高い司法の機能」であるので、「司法に対する国民の理解の増進とその信頼の向上を効率的に図ることが可能になると考えられたからにほかならない」と断定し、「この制度が憲法の基本原則である国民主権の理念に沿って司法の国民的基盤の強化を図るものであることに照らせば」、立法目的は正当であり、その必要性も肯定できるという。

裁判員制度が国民主権の理念に何故に沿うのか、裁判員法がこの国民主権という用語を敢えて避けて「理解の増進」「信頼の向上」という用語を選択した経緯、つまり国民参加は民主主義とか国民主権とは関係がないことを示すためにかかる曖昧な言葉が選択されたという経緯（柳瀬昇「裁判員法の立法過程」『信州大学法学論集』九号230ページ参照）について全く触れることなく、どうしてこのような偏頗な断定ができるのであろうか。

この判決は、今、国民の権利・利益に密接な関係を有する立法をなそうとしているときに、将来に起きるかどうかも分からない、誰も予測のつかない変革に備えて立法をなすことも立法事実であるという。立法事実とは何なのかを全く理解していないと言わざるを得ない。国民の基本的人権に関わる立法事実というのは、本来はどうしても、今、国民の権利を制限し義務を課さなければこの国がおかしくなる、或いは国民の利益が害されるという事態をいうのであって、将来どうなるかの予測のできないことはとても立法事実とは言えない。司法は今は大変順調に行っている（法務大臣も司法審委員も口を揃えてそう言っている）というのであれば、そこには立法事実はないということである。東大教授のダニエル・フット氏はその著『名もない顔もない司法』（NTT出版）において、「裁判員制度には明確で具体的『立法事実』は存在せず」と明言し（276ページ）、その理由を詳細に説明している。

判決の掲記する国民への裁判員義務付け論の根拠は、被告国の主張をそのまま採用したものである。つまり、多様な価値観を有し、様々な社会的地位にある国民誰もが裁判員となる資格と可能性を有し、刑事裁判に関与することになるから、司法に対する理解と信頼が得られるのだという。或いは裁判所が言いたいことは、裁判員制度というものを採用する以上、裁判員が一部に偏ったものではいけないということかも知れないが、それは裁判員制度ありきの議論であって、本来はまず、制度設計上、一般に広く国民の中から裁判員を選択しようとする、また、裁判員となることを義務付けることの正当性があるか否かが検討され、それが肯定されて初めてかかる制度が成り立つのであって、初めに国民参加の制度があるのだからその参加は平等の義務としなければならないというのは、論理が逆である。

自家撞着の典型

前にも述べたとおり、判決は、その負担に必要性が認められ、かつその負担が合理的な範囲に留まる限り、憲法一八条後段には違反しないと判示した。そもそも合理的とは何か、国民の負担が合理的な範囲とはいかなる範囲か、少なくとも、合理的範囲を超えるとはどのようなものなのかについて一切の基準を示すことなく、本件のAさんの障害が合理的範囲を超えるか否かを断ずることができる筈がない。基準という大前提があって初めて本件の事実がその基準を超えるものか否かの結論が出されなければならないのに裁判所はその本来的判断の手順を完全に誤ったというべきである。

判決は、裁判員の担う職務が「相当に重い精神的負担を強いることになるであろうことが予想される」と判示しながら、その負担が制度として合理的範囲に留まっていると結論付ける。その理由として掲げるものは、

①法一六条が裁判員となることを辞退できる者を類型的に規定していること。

②同条八号の辞退事由政令において、裁判員候補者として呼出しを受けた者の個別的な事情を考慮して、やむを得ない事由がある場合には就任、出頭の辞退が認められること。

③そのうち特に辞退事由政令六号は、「裁判員としての職務を行うこと等により、自己又は第三者に身体上、精神上又は経済上の重大な不利益が生ずると認めるに足りる相当の理由があること」を辞退事由として定めていること。

④裁判への参加、凄惨な内容の証拠資料に触れることによって心理的、精神的に重大な負担となることが予想される場合には辞退を弾力的に認めることができると解されること。

⑤選任後にも上記辞退事由に該当するに至った場合は、辞任の申立てをし、解任される道も用意されていること。

⑥法付則三条は裁判員としての参加のための環境の整備義務を定め、その中には裁判官、検察官の裁判員等の精神的負担軽減のための工夫も含まれており、その一部は現に実現していること。

⑦旅費、日当、宿泊料の支給もなされ、経済的負担軽減措置が講じられていること。
というものである。

上記⑥⑦を除いては、法は国民に対し無理矢理裁判員を務めさせようとしているのではない、辞退は柔軟に認められている、裁判員として裁判に参加したら、どうも自分は具合悪くなりそうだからなりたくないと言えば辞退が認められる、負担といってもその程度の負担に過ぎないから、そのような負担は合理的な範囲内だということのようである。

一般国民は裁判に関わることが一生のうちで何回あるであろうか。傍聴することとてめったにあるまい。まして裁く行為に関与すること、さらに死刑とか無期の懲役・禁錮に当る事件で裁く立場に立つことなどは絶無といってよかろう。想像もつかないような職務を担当する前に、そのような職務につき、証拠調べに立ち会い、死刑・無期の懲役刑を言い渡したら自分がどのような精神状態になるかなどは分かるはずがない。

そうとすれば、「私は裁判員になったらどうなるか分からないから辞退します」と言えばそれは虚偽ではなく、立派な辞退事由になる。判決の言うことは、ともかく無理をして裁判員をやってもらわなくてもよい仕組みになっているから、裁判員の職務という負担は合理的な範囲内だといっているのと同じことなのである。

しかし、そう述べるこの判決は、別のところで「国民の司法に対する理解や信頼は、ただ誰かが刑事裁判に参加して得られるものではない。国民誰しもが裁判員となる資格と可能性を有する制度としなければ実効性は保てない。辞退事由がない限り選任を拒絶できない制度とすることによって制度の目的を達し得る」という。

この判示は、そう簡単に辞退の自由を認めたら制度の目的を達しない、簡単に辞退を認めてはいけないと言っているのである。この理由付けは正に自家撞着の典型というべきものであろう。

本来人集めのために過料の制裁を課してまで国民に対し裁判員となることを義務付けている制度であるものを、辞退が柔軟にできる、いわば嫌だと言う人はならなくても済むから、その負担は合理的だというようなことは、不合理そのものであろう。

この判決は、本件Aさんの急性ストレス障害は辞退事由の弾力的運用や心理手続上の工夫等で回避し得た可能性は否定し得ないと判示する。その判示は、そこに国としての不法行為責任を見出し得るとまでは断じていない。実際そこに国の不法行為責任を見出すことは容易ではあるまい。

憲法一三条に規定する公共の福祉とは?

判決はさらにAさんの急性ストレス障害は、全ての回避措置を行使したとしても発症したかも知れないともいう。それでも判決は、そのような発症があっても国民の負担が合理的範囲を超えることを示すものとは断じ得ないという。その理由は示されていない。ただ、裁判員制度はそのように国民を痛めつけても実現しなければならない制度であると言っているわけである。

そうであれば、辞退について柔軟な態度をとっているから負担は合理的な範囲に止まっているとか、何も個別に「凄惨な写真を見せてもあなたは大丈夫ですか」などといちいち聞くことはない、具合が悪くなってもそれは国民にとって甘受しなければならない、公務員災害補償制度を使って治療してもらえばよいだけのことになる。しかし、そう頭から言ったのでは明確に裁判員の職務は苦役だということになるから、この判決は長々と屁理屈を並べているだけである。

つまり、裁判員制度の実現という国家目的の達成のためには、証拠を見て精神的に強い障害を負うことがあっても国民はそれを甘受、我慢すべきであり、傷害を負えば慰謝料までは支払えないけれども公務災害で癒してあげるから、心配しないで裁判員を務めて欲しい、戦時中に良く使われた滅私奉公、尽忠報国をしてほしいということである。

判決は裁判員制度が憲法一三条に違反するとの原告の主張について、「憲法一三条によって保護されている利益であっても、公共の福祉による制約を受けることは免れないところ、裁判員制度を含む裁判員法には合理的な立法目的と立法の必要性が認められるのであるから、公共の福祉によるやむを得ない制約である」と判示する。この判示は正に前述の滅私奉公、尽忠報国を是認することを明言しているということである。

憲法一三条に規定する公共の福祉とは、基本的人権を各人に平等に与えるために、人権の衝突の可能性が生ずる場合の調整のための概念であり、裁判員制度という国家目的、つまり国家主義的利益を指すものではない。公共の福祉とは簡単に言えば皆の幸せということであり、憲法一三条の趣旨は己の利益のために他の人の幸せを犠牲にしてはならないということである。

裁判員にならないことがどうして皆の幸せを害するというのであろうか。皆の幸せのために国民は自分の幸せを犠牲にしても裁判員にならなければならないなどとどうして言えるのであろうか。福島判決はとんでもない考え違いをしている。むしろ、そのような国家目的の故に犠牲にしてはならない利益が、個人の尊重、憲法一三条の保障する基本的人権である。国家存立の基礎である国民一人ひとりに、国家目的を掲げてあの戦争の悲惨な思いを二度と味わわせることがないようにと定められたのが憲法一三条である。

判決のこの判示は、日本国憲法を捨て、戦前の体制に回帰させようとする、正に時代錯誤そのものというべきである。

上告趣意の捏造

私ら代理人は、この訴提起後に、つぎのことを知った。それは、前記大法廷判決が、「所論は多岐にわたり、裁判員法が憲法に違反する旨主張する」と述べ、弁護人が敢えて上告趣意から外した裁判員制度の憲法一八条後段、七六条三項違反の点について、それをことさらに上告趣意として構成し、つまり上告趣意を捏造してその点について合憲判断をしていたのである。

私らは、そのことは、この上告趣意捏造に関与した裁判官一五名の裁判員制度定着のための積極的政治的行為であり、不法行為であるとして、これを請求原因に追加した。

これについてこの福島判決は何と判断したか。「当該弁護人は、裁判員法は違憲無効であるから被告人は無罪であると主張していたものである。裁判員法は手続法であり、仮にこれが違憲無効であれば、適正手続の保障の下、そのような違憲な法律に基づいて被告人が刑罰を科せられることはないのであるから、裁判員法が違憲無効であるため被告人は無罪であるとの上告趣意の中には、弁護人が明示に指摘した憲法の条項以外の条項であっても、それに裁判員法が違反すると判断されるのであれば、その旨も主張するとする趣旨が含まれていると解するのが相当である」という。

上告人が上告趣意書に憲法八〇条一項、七六条一、二項違反と主張しているのは、被告人は無罪であるとの最終主張の理由の一つに過ぎないという（因みに上告人はどこにも無罪などとは主張していない。量刑不当を主張しているだけである）。もうここまでくると、この裁判所は上記大法廷判決にかかる最高裁判所判例集も読んでいないのではないか、違憲法令審査権に関する学説、これを紹介する原告側の準備書面も読んでいないのではないかとさえ思われる、誠に杜撰極まりない判決と評さざるを得ない。

前記大法廷判決事件の弁護人は、原審では憲法八〇条、七六条一、二項違反のみを主張し、原審も当然のことながらその点のみについて判断している。上告事件担当の検察官の答弁書もその点のみについて答弁している。最高裁大法廷昭和三九年一一月一八日決定（『刑集』一八巻九号597ページ）は、「原審（控訴審）で主張判断を経なかった事項に関し当審（上告審）において新たに違憲をいう主張は、適法な上告理由にならない」旨判示している。その判示からすれば、原審の判断していない事項、上告人が明示した点以外の主張は、もともと上告理由にはならず、判断を要しないこととなろう。また、この福島判決の論理からすれば、上告審では「原判決は憲法違反だ」と言ってさえおけば、最高裁は独自に違憲の疑いのあると思われる論点を拾い上げて全て合憲判断を示すことができることになる。これは、違憲法令審査権が具体的紛争解決のためにのみなされるものとの最高裁大法廷の判決（昭和二七年一〇月八日『民集』六巻九号783ページ）、つまり最高裁は憲法裁判所ではないとの判決に反することになろう。

なお、職業選択の自由の判断について、判決は裁判員の仕事は職業ではないというが、裁判員は特別職公務員という立派な社会的仕事であり職業であることは明らかであり、国民は短期・長期、有償・無償を問わず公務員という職業につくことを強制されるいわれはないこと、また、現在従事している職業を一時的にせよ強制的に離れさせられることからすれば、職業選択の自由の侵害であることは明らかであり、その判断もまた誤りである。

おわりに

以上、福島地裁判決についてかなり大まかな批判をして来たけれども、一言でこの判決を評すれば、憲法七六条三項に定める裁判官の独立を放棄した、余りにも粗雑な論理による国策追従、国民の基本的人権無視の判決ということに尽きる。

仮に、ある会社が従業員に対し、命令に背いたら解雇だ、停職だといって脅して、本来の職務以外のことを強制的にやらせたら、現在の社会はその会社の行為に対しどのような評価を下すだろうか。ましてその従業員がそのために精神的におかしくなったらどうだろうか。それはパワーハラスメントだと評されてその会社は社会的に糾弾されるだけではなく、多額の損害賠償義務を負うことになろう。

契約関係にあることにより、ある程度の負担を承認した者の間においてさえそうであるのに、国家として最大の尊重をしなければならない主権者である一般国民に対し、国家がその権力の行使として制裁を課して無理に国家行為に加担させることは、国家による国民に対するパワーハラスメント以外の何ものでもあるまい。

裁判所の職責は、本来憲法の番人として多数者による少数者に対する不当な権利侵害から少数者を守るところにあり、仮にその任務を放棄したかかる判決が承認されるならば、裁判員法が謳う司法に対する「国民の信頼の向上」はおろか、その信頼の失墜に資することになることは明らかである。

私らは、事情があって控訴審からは離れることになった。しかし、新しく就任された控訴代理人も憲法問題は引き続き取り上げて行かれるご意向と窺っているので、控訴審で奮闘され、依頼者のご意向が実現されることを強く期待している。

2　精神的負担を理由とする裁判員就任辞退に関する東京地裁申合わせについて

はじめに

二〇一三年八月一日付読売新聞朝刊トップに、「審理で『遺体写真』」「裁判員辞退『精神負担』容認……選任時に説明へ」「最高裁通知」という大きな見出しが躍った。その内容は、同年七月一九日に、裁判員裁判対象事件を多く抱える東京地裁の担当裁判官らが裁判員の精神的負担を軽減する方策を協議して出した対応策を、最高裁が全国の裁判所に対し参考にするよう通知したというものである。

同紙によるその対応策の要約は、公判前整理手続の段階で「遺体の写真などが必要か吟味する、イラストなどで代替できないか検討する」、裁判員選任手続きの段階で「遺体写真などを見せることを説明する」「不安を訴える人の辞退を認めるか検討する」、審理の評議の段階で「裁判員の様子に気を配る」「辞退を勧めることも考える」、判決言渡し後の段階では「裁判員経験者の相談に応じる」「経験者同士が交流できる環境を整える」とのことであり、ウェブサイト「裁判員制度はいらないインコ」八月四日のトピックスによれば、つぎのとおりとされている。

申合わせ内容

1　公判前整理手続段階における配慮

遺体写真等の刺激の強い証拠については、両当事者の意見を聴取した上で、要証事実は何か、それとの関係でその証拠が真に必要不可欠なものなのか、その証拠の取調べが裁判員に過度の精神的負担を与え、適正な判断ができなくなることがないのか、代替手段の有無等も考慮しつつ採否を慎重に吟味する。

2　選任手続以前の配慮

事前質問票は裁判官が遺漏なく目を通し、精神的不安を訴えたり、その兆候が見られたりする裁判員候補者がいた場合には、必要に応じ、追加の事情聴取や個別質問における聴取事項等を検討する。

関係職員との間で裁判員候補者からの問合せに対応する際には、その不安を考慮した懇切な対応を心掛けるよう、認識の共有化を徹底する。

3　選任手続における配慮

取調べの必要性が高いと判断されたために、裁判員に重い精神的負担がかかる遺体の写真等の証拠を取り調べることを決定している場合は、オリエンテーションにおける事案の内容の説明等に付随して、そのような証拠が取り調べられる予定である旨を裁判員候補者に告げ、不安のある裁判員には個別質問を申し出ることができる機会を十分に保障するようにする。

前記の場合において、個別質問では、裁判員候補者の不安の内容を具体的に聴取し、裁判員の精神的負担に対する配慮についても丁寧に説明した上で、参加への支障があるかどうかを確認し、辞退の拒否を検討する。

4　審理、評議における配慮

裁判官は、審理、評議を通じて、裁判員の様子に十分気を配り、些細な変化を感じ取った場合でも適切に声をかけるなどして話を聞き、場合によっては辞任を申し出てもらうよう勧めることも柔軟に検討する。

裁判官は、評議において、刺激の強い証拠によって裁判員の精神が動揺し、証拠に基づく理性的な評議が阻害されていないか、ということに注意する。

5　判決宣告後の配慮

判決宣告後であっても、裁判員の精神的負担軽減は裁判官の職責であり、職員任せにせず自ら誠実に対応する。

裁判員が職務を終えるにあたり、裁判官から適切な説示を行い、裁判員の精神的負担の軽減を図る。その際、①結論は裁判員と裁判官の全員で十分な意見交換を行いながら議論を尽くして出したものであり、裁判員が一人で全ての責任を負うものではないこと、②職務を終えた後であっても、体調の不良その他不安や疑問を感じた場合にはいつでも裁判官に相談できること、③メンタルヘルスサポート窓口の案内を改めて伝えることなどが考えられる。また、守秘義務の範囲を誤解して、裁判員経験者が「親しい者にも裁判に関する話ができない」というような苦痛を感じることがないよう、守秘義務の範囲についても改めて適切な説明を行うことが考えられる。

死刑を宣告するような重大な事件では、事件の体験を共有した者同士が連帯感を持ち得るような配慮をすることが重要であり、例えば、事後に裁判官、裁判員が、一堂に会して話をする機会を設けることなども考えられる。また、裁判員等経験者から、経験者同志の交流のため他の裁判員等経験者の連絡先を知りたい旨の要望があった場合には、相手方の了解を前提に連絡先を伝える。

関係職員との間で、心身に不調を感じた裁判員等経験者から連絡があった場合には、まずは丁寧に話を聞いた上で、合議体を構成した裁判官と直接話ができるように手配するよう認識を共有化する。裁判官は、場合によっては裁判員等経験者と面談を行うなどして、裁判員の精神的負担軽減に努める。

辞退容認事例について

ところで、同月二七日、松山地裁の傷害致死被告事件で調査票を送られた九〇人のうち二八人が出席し、職員が「公判で被害者の遺体の写真を取り調べる、不安のある方は個別質問で話を伺う」と説明したところ、二人が「身体・精神・経済の重大な不利益」を訴え、辞退が認められたといわれる（『朝日新聞デジタル』二〇一三年八月二八日）。

調査票を送られた九〇人のうち、最終の裁判員候補者に選ばれたのは一七人ということであるから、調査票を送付された者のうち二割弱の人だけが最終選考に残ったということであり、そのこと自体裁判員裁判への国民の非協力度の高さがうかがい知ることができることであるほか、この遺体写真の提示の予告によって二名の辞退が認められたということは、前述の東京地裁裁判官の申合わせと最高裁の通知が影響したことは間違いなかろう。

その国民の非協力度も重大なことであり当然に問題とされなければならないけれども、ここでは東京地裁申合わせの意味するところに絞って検討してみたい。

今回の負担軽減策の法令上の位置付け

裁判員法一六条は裁判員の辞退申立て可能な事情を列挙し、その八号で「その他政令で定めるやむを得ない事由があり、裁判員の職務を行うこと又は……裁判員等選任手続の期日に出頭困難な者」はその辞退申立てが可能なものとされている。そのやむを得ない事由を定める政令では、一号から五号までは具体的事情を列挙し、六号で「前各号に掲げるもののほか、裁判員の職務を行い……自己又は第三者に身体上、精神上又は経済上の重大な不利益が生ずると認めるに足りる相当の理由があること」を規定している。

今回の申合わせの内容には、立証の代替手段の有無の吟味という問題があり、それ自体検討を要すべき問題であるけれども、ここでは選任手続以前の配慮、選任手続における配慮として申し合わされた事項に関して、裁判員辞退の許否の判断基準、ひいては裁判員強制をめぐる制度の本質について検討してみたい。

申合わせの検討

裁判員法二七条一項は、前記裁判員辞退事由の判断は裁判所が行うこととされており、その判断はケースバイケースで各担当裁判所においてなされるべきものであるから、この申合わせもあくまで担当裁判所の判断の参考に過ぎないものであり、また、各申合わせ事項の表現も曖昧なものになっている。それ故、前記新聞のタイトル中「『裁判員辞退』容認」との部分や「遺体の写真などを裁判で示す場合、選任手続きでその旨を説明し、辞退を柔軟に認めるなどとする対策をまとめた」とある部分は、正確な申合わせ内容の表現ではないとの反論が裁判所にはあるかも知れない。

申合わせの辞退事由の位置付け

前記松山地裁での精神的不安を原因とする二名の辞退事由は、政令六号該当と解されているようであり、この東京地裁の申合わせ内容も、この政令六号該当の一事例と捉えていることは間違いあるまい。選任手続以前の配慮で検討されている「追加の事情聴取や個別質問」なるもの、選任手続で検討されている「不安の内容の具体的配慮、参加への支障の有無の確認」が、事例を伴わない抽象的文言に過ぎないものであるので、政令六号該当と判断され得るものがいかなるものと解しているのかは不明ではあるが。

この政令第六号の「自己……に身体上、精神上又は経済上の重大な不利益が生ずると認めるに足りる相当の理由があること」という規定の解釈としては、「単に不安を訴えただけではだめで、その不安が現実化し、それによって不利益も現実化する確率が高い状態にある」場合を想定した規定であることは間違いないから、今回の東京地裁の取扱い基準、松山地裁の運用は、この政令第六号の掲げる要件をかなりゆるく、最高裁二〇一一年一一月一六日判決の判示するように柔軟に解釈しようとしたということになろう。それ故、前記読売新聞の見出しやその記事は誤ったものではなく、むしろ申合わせ内容を端的に表現しているとさえ言えるであろう。

その辞退承認基準の制度に与える影響

裁判員の精神的負担の恐れによって事態を柔軟に認める運用が仮に常態化した場合、裁判員選任の実態にいかなる影響を及ぼすであろうか。

最高裁判所が二〇〇五年一〇月に発行した『裁判員制度』というブックレット13ページに、質問者が、当時の大谷直人最高裁刑事局長（現最高裁事務総長）に「人を裁くこと」の不安を訴えている部分がある。これに対する大谷氏の回答は、「裁く」ことを哲学的に考えすぎてしまっている、裁判員は一人で「裁く」のではない、チーム一丸となって一緒に裁判をしていくわけです、と答えている。いわば皆で渡れば怖くないということである。

この大谷氏の発言は、人を裁くことの人間としての重大性、人間としての心構えを捨て去った驚くべき発言である。前記の東京地裁の申合わせ中、「判決宣言後の配慮」において、「結論は裁判員と裁判官の全員で十分な意見交換を行いながら議論を尽くして出したものであり、裁判員が一人で全ての責任を負うものではないこと」を伝えることが考えられるとある部分は、この大谷氏の説明に重なるところがある。しかし、まず、合議体の裁判官は単独裁判官よりも結論を出すについて責任感は軽くても良いと言えるであろうか。裁判員は素人ではあるが、裁判官と同じ職務を司る。制度としてはその説明のとおりであろうが、その心構えとしては、哲学的であるか否かはさておき、常に自分が一人で裁くという心構えで裁判に臨むことが求められていると言えるのではないであろうか。その質問者がいうように、裁判員制度一般について、例えば裁くこと自体の不安、極刑を言い渡すことの不安、被告人と相対することの不安、傍聴人に顔を晒すことの不安、被告人の家族その他の関係者及び被害者との関係での不安等、数え上げたらきりがない不安が想定される。何しろ裁判員となることは未体験ゾーンへの侵入行為、いわば今まで潜ったことのない真っ暗な洞窟に入ろうとする行為にも似たことであれば、冒険家や好奇心旺盛な人ならいざ知らず、不安を感じないのがむしろ異常である。

今回の申合わせでは、選任手続以前の配慮として、質問票への候補者の回答に、精神的不安を訴えたりその兆候が見られたりする者がいる場合には、追加の事情聴取や個別質問での聴取事項等を検討する旨が記されているけれども、いかなる聴取事項にいかなる回答がなされた場合に辞退を認めることになるのかは分からない。あくまで不安だと言われればそれを否定する術は裁判所にはないであろうから、その場合、裁判所はどう対応するかということになる。最高裁判所大法廷判決の立場からは参政権同様の裁判員参加権の放棄であり、これに対する柔軟な対応という運用方針からすれば、それでは出頭は不要ですという対応にならざるを得ないであろう。

また、選任手続における配慮として、不安のある裁判員には個別質問の機会に不安内容を具体的に聴取し、裁判員の精神的負担への配慮を丁寧に説明した上で、参加への支障があるかどうかを確認して辞退の拒否を検討するとあるが、前記の選任手続以前の配慮に関しても述べたが、裁判員の参加義務の法的性質が実は参政権同様の権利であるという解釈であれば、さらにその不安の申し出に柔軟に対応することが取扱いの基本であれば、いくら具体的に事情を聴取したところで、不安だとの理由で事態を申し出られれば、あとで具合が悪くなったら何とかするから心配ないと説明したところで辞退を拒否するわけにはいかないのは見え透いたことである。

つまり、申し出られた不安がいかなるものであっても、本人が「不安だ」「辞退する」「出頭しない」と言えば手の施しようはないというのが、この申合わせ内容から抽出される結論である。

それ故、今回の申合わせは、裁判員となることが不安だと一言言えば全て辞退事由となり得ることにつながる。その先は、正当な事由のない不出頭者に対し一〇万円以下の過料を科すとの裁判員法の規定の本来の目的である、国民に対する強力なプレッシャー機能は喪失する。

今回の申合わせ策定の契機となったこと

東京地裁で今回の裁判員辞退の運用に関する申合わせが検討されるに至ったきっかけは、筆者ほか一名が原告代理人を務める、福島地裁郡山支部で裁判員を務め、それによって急性ストレス障害を患った女性が提起した国家賠償請求訴訟にあると報じられている。

裁判員としての職務遂行が精神的に強度な負担を強いるものであることは早くから指摘されていた。最高裁もそのことを予測し、メンタルヘルスケアの対応を用意していた。前記事件の報道では死体の写真等残酷な場面の証拠調べによる精神的傷害が報道されているが、その後の報道に見られるように、死刑を言い渡したことによる日夜の苦痛が継続していることも知られるべきことであろう。かかる心的外傷を裁判員に与えるであろうことは制度当初から認識されていたことであり、この裁判員制度を容認するものは、いわば傷害について未必の故意を有していたとさえ言える。傷害を与えれば治療を行えばよい、ともかく国民参加が第一だという何とも解し難い余りにも人権無視の考えが、かかる心的外傷を招いたものである。

なお、今回の東京地裁の裁判員辞退に関する申合わせは、本来ならば裁判に臨む人としては当然の反応を示す、敢えて言えば裁判員になってほしい人を逃すものであり、そうではない残りの人のみを裁判員とすることは、裁判員制度を是認する者にとっても受け容れ難いことではあるまいか。

今回の東京地裁の申合わせ、松山地裁の運用は、裁判員に対する配慮というよりは、裁判員制度を何とか維持することを目的とし、裁判官として、裁判員にかかる傷害が発生した場合の民事・刑事の責任を事前に回避しようとするための保身に出たものではないかとの疑いさえ持つ。

おわりに

その動機の詮索はさておいて、裁判所が裁判員に無用の負担をかけまいとして動き出したこと自体は一応評価し得る。しかし、人権擁護団体である日弁連は、この裁判員経験者の心的外傷問題について、何らかの声明を発したり根本的対策を発表したりしたかは寡聞にして知らない。もし沈黙を守っているとすれば、そのことに触れる発言をすればネットで言われているように「裁判員裁判の根幹が揺らぐ」という恐れを感じているからであろうか。

この東京地裁の申合わせ問題は、単なる裁判員辞退事由の問題ではなく、正に裁判員制度、一般国民を裁判員として強制的に駆り出す制度の根幹に触れる問題として皆が真剣に検討すべきものである。ここまで現実に辞退事由を緩めるくらいなら、いっそ不出頭への過料の制裁を完全に撤廃すべきであろう。そうしなければ、法律の過料制裁規定によって制裁を受けると思い込んでいる無知で真面目な国民だけがだまされ続けることになろう。

このように国民をだまし続けなければ維持できない制度であるならば、かかる制度は廃止されるべきが当然である。

3　裁判員と死刑――ある新聞社説の提言を契機として

はじめに

朝日新聞は二〇一五年一二月二八日「裁判員裁判……死刑と向き合う機会に」と題する社説を掲載した。この社説については、私は以前小さく批判的意見を述べたことがあるけれども（第一章1参照）、その社説で主張されていることについては、大新聞の意見としての影響力の大きさからそのまま見過ごすべきではなく、やはり根本的に検討されるべきではないかと考え、改めてここに私見を述べることとした。

その社説の要旨はつぎのとおりである。

・死刑求刑事件について裁判員が判決を下すこともあるという仕組みから私たち国民は逃れるべきではない。
・裁判員の心のケアを充実させる取り組みは欠かせない。

・国家権力が裁き罰することができるのは主権者である国民の負託を受けているからだ。
・刑罰のあり方を決めているのは国民であり、その究極の現れが死刑。
・余りに多くの手続きを刑務官らに負わせ、大多数の国民の認識から遠ざけてきた。
・死刑をやむを得ないとする人は約80%にのぼる。裁判員たちが苦しむのは「人の命を奪う」という死刑の本質に当事者として直面するから。
・人を裁くという経験を通じ、死刑と向き合い、是非を考える、そういう機会に裁判員制度をしていくことが大切だろう。
・裁判員の経験を共有できる仕組みが必要。
・情報公開が欠かせない。
・死刑を続けているのは先進国ではアメリカと日本だけだが、アメリカでは執行を遺族マスコミに公開している。日本では裁判官ですら知らない。
・死刑囚の日常、死刑執行の順番の決め方も知らないで評議をしている。それで良いのかと市民が声を上げげた。情報公開を法務省に求めている。これが市民感覚。
・裁判員は与えられる事だけ知ればいいのかとの経験者の憤りを放置してはならない。

この社説の意見は、元司法制度改革推進本部、裁判員制度・刑事検討会委員大出良知氏の意見（『愛知学院大学宗教法制研究所紀要』第五二号「死刑と裁判員裁判」）に類似する。

社説への素朴な疑問

その社説を読んで浮かぶ素朴な疑問はつぎのとおりである。

①そもそも死刑を是認するというのか。
②裁判員制度は素人である一般市民を強制的に他の市民の生命、自由、財産等憲法上守られている国民の基本的人権を収奪する国家権力の行使に加担させる制度であることを認めるか。
③それでも裁判員制度を是認する根拠は何か。
④裁判員制度の憲法適合性をどう考えるか。
⑤国家権力の行使としての裁判をし、市民を処罰することを認めた国民と裁判員となる国民とは同一性質のものと考えるのか。国家権力の行使者は一人一人の国民ではなく憲法上その総意によって代表とされた者だけではないのか。裁判員は国民の代表者か。
⑥死刑執行はくじで選ばれた国民が自らなすべきだ、或いは刑務官と共同してなすべきだというのか。
⑦死刑と向き合うためには何故裁判員にならなければならないか。
⑧死刑の情報公開を求めるのは、その制度の存否の議論に必要だと考えるからか。死刑は人が人を殺す行為であり、その殺人行為であるという本質的情報以外に何が何故必要か。
⑨その議論をしている間は裁判員として死刑事件と対面し、判決をし、執行することは是認さ

れるのか。

⑩死刑は公開されるべきだというのか。

以前にも記したけれども、この社説は散漫に言葉を並べているので、本来であればこの社説を書いた論説委員に前記の質問をし、その回答を聞いてから論じたいのだが、そのような個別の回答を得ることは期待できることではないので、ここではその用いられている言葉から論じられていることを推測し、死刑の問題を中心に論ずることとしたい。

死刑を容認する国家

法律で死刑制度を認めている以上、改めてその是認の根拠を述べる必要はないのかどうかは分からないが、社説は死刑を、改めてその是認の根拠を明示することなく、一応是認することを当然の前提に論じている。

社説は先進国で死刑を存置しているのはアメリカと日本だけという。日本が制度として死刑を存置し執行している国であることは明らかだが、アメリカについては州によって異なるのであり、アメリカが死刑存置国だと決めつけることは正しくはなく、「アメリカの一部州」とでも表現すべきであったであろう。つまり、先進国の中で死刑制度を存置し、死刑を宣告し、執行している国家は我が国だけだということを先ず確認しなければならない。

死刑と情報公開

かかる究極の刑罰である死刑に対し、執行する刑務官らにのみ任せていることが国民の怠慢ででもあるかのように述べ、情報公開されれば死刑の存置を容認し得るかのようにもとれる意見は、余りにも死刑自体に対し鈍感すぎるのではないであろうか。

死刑問題は、市民が死刑執行場を見学したり、刑務官の執行に立ち会ったりしなければ論じられないことではない。絞首であろうが薬殺であろうが、その対象者の人間としての存在を権力者が奪い去るものであることについての想像力を働かせれば十分である。何も、裁判員として国家権力の片棒を担がなければ判断できないものではない。

また、死刑が公開か準公開か、執行の順番がどう決まるか、死刑囚がどんな気持ちで日々を送るのかを知らなければ、その制度の本質を知り得ないなどとは言えない。自分が今裁判にかけられて、拘置所に拘置され、或る日首を絞められて殺されることを想像しさえすれば済むことである。

死刑の問題は、犯罪や刑罰の本質的問題としてそれを是認するか否かということである。世界の趨勢は明らかにその廃止に向っている。一九八九年国連総会は、一般に死刑廃止条約と呼ばれている「死刑の廃止を目指す市民的及び政治的権利に関する国際規約」（B規約）を採択した。また、B規約委員会は、二〇〇八年、我が国に対し「死刑廃止を考慮し、公衆に対し、必要があれば廃止が望ましいことを伝えるべきである」などの勧告を行っている。

死刑制度廃止の根拠

世界死刑廃止デーを毎年一〇月一〇日と定めた死刑廃止世界連盟（本部パリ）が二〇一五年一〇月一〇日に発表した「世界死刑廃止デー2015・10・10共同宣言」は、死刑制度の反対の根拠についてつぎのように説明している。

「死刑執行が犯罪を抑止する、あるいは防止するとの主張を裏付ける証拠はない。いかなる司法制度も決して誤りから免れることはできず、それゆえ死刑判決は無実の人を死に追いやりかねない。しばしば、死刑宣告は貧しく、弱く、そして社会の隅に追いやられた人々に偏って宣告され、社会でもっとも弱い立場の人々への差別を助長する。また、死刑宣告は犯罪被害者やその家族に相応の償いも精神的救済ももたらすことがない。死刑執行は、現代の司法制度が目指すべきものとは正反対の、憎しみと暴力を増すだけである」（ノルウェイ・オフィシャルサイト・イン・ジャパン）

駐日EU代表部公式マガジンは、その点について「死刑に対するEUの根底にある考え方は明確だ。『いかなる罪を犯したとしても、すべての人間には生来尊厳が備わっており、その人格は不可侵である。人権の尊重は犯罪者を含めあらゆる人に当てはまる』というものだ」とし、且つ死刑の不可逆性を指摘する。さらに、最も根源的なことだが、「犯罪者に刑罰を科す目的は『本人に自らの過ちを理解させ、自責の念を持たせ、その人物を更生させ、最終的には社会復帰させること』にあると考えている」と捉えている。

死刑の実態に関する情報

死刑の実態はプロの裁判官ですら知らないと社説は述べるが、その実態を記述する文献は存するのであり、法務省からの情報公開を待たなければ闇の中でもあるかのような記述は間違いである。例えば、『責任という虚構』（小坂井敏晶、東京大学出版会）には、村野薫『死刑はこうして執行される』（講談社文庫）、坂本敏夫『元刑務官が明かす死刑のすべて』（文春文庫）、大塚公子『死刑執行人の苦悩』（角川文庫）等を引用し、実に生々しい光景が記述されている（75ページ以下）。

一般市民が死刑制度について真剣に考えることは絶対に必要なことだが、裁判員にならなければ真剣に向き合えないなどということはない。

死刑を決めているのは国民

社説の「死刑を決めているのは国民」という表現は、「国民が裁判員として死刑求刑事件について判決を下すという仕組みから逃れるべきではない」との主張の、一つの重要な理由として述べられているものであろう。

国民が主権者であり、国家権力の根源として存在していることは、民主国家として当然のことである。しかし、我が国を含め代議制民主主義国家では、国家権力の行使として刑罰内容を定め、死刑制度を存知させているのは国民が選出した代表者であって、さも国民一人一人が刑罰のあり方を決めているかのような、且つ、その自分が決めたことについては最後まで責任を負わなければならないともとれる記述は正当ではない。国民はむしろ、代表者が定めた法制度について、それを批判し廃止を働きかけることもできる立場のものであり、国民が主権者だというのは、国民は政治を批判し、代表者を通して変更し得る根源的力を有する集団の一員だということである。

人を裁くという経験を通じ、死刑と向き合い是非を考える、裁判員制度をそうした機会にしていくことが大切だとの記述は、裁判員制度について国民の意識改革の場だと本音を述べていた司法制度改革推進本部故山崎潮事務局長の発言に重なる。権力が国民の心の中に手を突っ込んでその意識改革をし強制教育策をとることに、この新聞は賛成し推奨さえしているということである。

死刑事件に関与する裁判員の苦悩

この社説を掲載した朝日新聞は二〇一六年四月二二日、「『死刑は殺人』元裁判員苦悩」と題する記事を載せた。同紙は、先に死刑事件に裁判員として関わり急性ストレス障害になった福島県郡山市の女性からの国家賠償請求事件のことを知らない筈がない。裁判員が死刑事件に関与した場合に、日常では想像もできないような苦悩を味わうであろうことは、仮にこれらの事実を知らなくても、容易に推察がつくことである。現に同社説は、「人を死に追いやる」「精神的につらい」という言葉を語った担当裁判員の言葉を紹介し、これについて「心のケアをさらに充実させる取り組みが欠かせない」と結んでいる。苦しむだけ苦しみなさい、精神状態がおかしくなっても仕方がない、そのときは面倒みてあげますよと言い、国家はその備えさえしておけばよいと、この社説は平然と述べているということである。

心に外傷を負った人の苦痛の治療は、心のケアなどと言って簡単に対処し得るものでなく、ときには自殺という取り返しのつかない事態に追い込まれることさえあるということは、多少でも心的外傷の経験をし、或いはそれに関する知識があれば分かることであろう。あまりにも無責任な表現である。

それでも裁判員として死刑と向き合い、是非を考えなさいというその感覚は、日頃人権尊重を説く社会の木鐸の言葉としては容易に信じ難い言葉である。

裁判員制度自体の問題について

裁判員制度自体の問題について私はこれまで繰り返し論じてきたが、私以外にも、西野喜一新潟大学大学院名誉教授『裁判員制度の正体』（講談社現代新書）、同『裁判員制度批判』（西神田編集室）、同『さらば、裁判員制度』（ミネルヴァ書房）、高山俊吉『裁判員制度はいらない』（講談社）等多くの優れた著作があり、そこでは制度の問題性、憲法違反性等が適切に指摘されているので参照されたい。

社説が裁判員制度を国民が死刑と向き合う機会になどと言うのであれば、これまで論じられてきた裁判員制度批判意見にどのように反論し、国民はその反論にどのような反応を見せるかを確認した後にすべきではなかったろうか。

今回の社説の説得力のなさは、全国的に読者を抱える大新聞の意見としては誠に残念なことと言わざるを得ない。

裁判員制度と死刑との関連性について

裁判員制度反対の理由の一つとして、死刑事件が対象事件に含まれていることを掲げる立場がある（伊佐千尋ほか『裁判員拒否のすすめ』（WAVE出版）の亀井洋志「あなたは死刑判決に耐えられるか」など）。私は以前、裁判員制度に関するシンポジウムでパネラーの一人になったとき、コーディネーターから、死刑と裁判員制度との関連性をどう考えるかと問われたことがある。そのときには、そのような質問を急に振られるとは思わなかったので、慌てて日頃漠と考えていることを述べさせていただいた。

基本的に、死刑制度と裁判員制度との間には関連性はなく、各制度の問題性はそれぞれ別個に論じられ検討されなければならない。裁判員制度の問題に関する、私がこれまで述べてきた私の立場からすれば、その対象事件に死刑事件を含めるか否かにかかわらず、くじで一般市民を強制的に裁判官の仕事に就かせることは憲法上許されることではなく、裁判制度としても許されるべきではないというものであるから、死刑事件を裁判員裁判対象事件から外せば裁判員制度は許されるなどとは考えない。

それでは、裁判員制度を離れて死刑制度自体をどう考えるか。裁判官が死刑判決をすることは認められるか、刑罰法規に死刑を刑罰の一つとして定めることは許されるかという問題については、前述の死刑廃止世界連盟の宣言やEU代表部の公式マガジンで述べられていることが中心的なものではあるが、私は長い間勝手に次のように考えてきた。

人間の行為は、その親から受け継いだ素質と、出生後の成育環境、教育訓練等の社会的関連性を無視しては有り得ない。決定論、自由意思論の議論は長く論じられてきたことではあるが、自由意思論は、どちらかと言えば信仰に類するものであり、論理的に考えれば証明は困難であろう。どちらかと言えば、社会的安定性を得るための方便として考え出されているのではないかと考える。

死刑制度に関連して述べれば、死刑相当事件としての犯罪を実行した者の行為は、その素質、成育環境、教育訓練等の過去と完全に断絶した自由意思によって選択したと言えるであろうか。行為者の内心としては、自己の行為を社会のせいにする、親のせいにすることは、道義的には許されるべきではないと考えるけれども、社会的には全ての犯罪は人間の行為としてその過去と断絶して敢行されているとまではどうしても言えないのではないか。そこには社会自体、社会の総括としての国家も僅かながらでも負担しなければならない責任があるのではないか。

また死刑は、その犯罪者の、この社会からの、この社会による完全な抹殺、つまり有を無にすることである。その社会もまた、僅かでもその犯罪に関与しているときに、行為者を抹殺することは、社会が負うべき責任の一端を負わず、責任の全てを行為者に負わせてしまうことではないのか。死刑は犯罪者に対し社会人への更生の機会を絶無にする点で、他の刑罰とは本質的差異がある。やはり、いかなる極悪非道の犯罪者であっても、社会はその犯罪の加担者として自らの手でその行為者の生命を奪うことは、前記の死刑廃止論の根拠、刑罰の目的の本質をも合わせ考慮すれば、許されないのではないか。

私がパネラーとして述べたことは、このような私の考えを手短に纏めたものであった。

先に引用した小坂井敏晶氏は、「決定論と非決定論のどちらの立場であれ、責任を因果関係で捉える点は変わらない。責任は、それとは異なる論理に従う社会現象だ」（『人が人を裁くということ』岩波新書、155ページ）、「犯罪の行為者が責任者として選定され、罰を受ける場合は確かに多い。しかし、それは責任や罰が、犯罪行為の因果関係に依拠するからではない。犯罪事実が意味づけられる過程において行為者が最も目立つため、犯罪のシンボルとして選ばれやすいからである」（同著166ページ）と述べる。傾聴すべき意見とは考えるが、私は未だ、犯罪の責任について行為者である人間との因果関係に依拠しないと断ずるまでの頭の切替えができない。そのような責任の本質論とは別の従来の自由意思論を含めた因果関係論をとりながらも、死刑という、行為者を抹殺する刑を科すことは、社会は社会自体の責任を全く考慮しないことになるのではないかと考えるものである。

また、先に取り上げたＥＵ代表部公式マガジンが記す刑罰の目的である「最終的に（犯罪者を）社会に復帰させること」というのは、社会の秩序維持という目的から出ている面が大きいであろうが、私は、犯罪者の更生による社会復帰という刑罰の目的は、犯罪を生み出した社会の総括としての国家による行為者本人に対する責任の履行の面もあるのではないかと考える。

おわりに

死刑という刑罰は、国家が、重大な反社会的行為をしたものをその国家社会から抹殺する行為である。国家は、それによって秩序を保ち存続していく。それは正に国家間の戦争行為に類似する。自国に刃向う国家に対しては、自国の存続のために他国を抹殺しようとする。他国は、死刑囚とは異なるから、決して対立国に対し従順に従うことはない。そのために戦争という壮絶な死刑合戦を展開することになる。

国家・社会に敵対するものは抹殺するという点では、死刑と戦争とは、そのレベルや行われる状況は異なるが、本質的に同性質のものである。

国際連合という本来は国家連合（英語名はそのものずばりUnited Nations）であるのに、国連は、各国の国内制度である刑罰問題について、決議、勧告をするのは何故か。戦争という殺人行為の反人権性と死刑の反人権性とに共通点を見いだし、この地上にたまたま生を受けた人間というものの尊厳を維持することの使命感から、前述の規約の決議、勧告という行為に出ているのではないであろうか。

憎悪、報復感情は人間の本性に根差しており、理念的に死刑はいけない戦争はいけないとは分かっていても、人類はそう容易にこれらを捨て去ることはできない。人類の歴史がそれを示してきた。

平和を望まないものはなく、「平和」ほど人々が口にする言葉はあるまい。しかし、それはそれだけ平和を実現することは困難だということである。

しかし今、人類史は前述のように死刑という困難な問題についてその廃止の方向に船出した。EU加盟国は死刑廃止を加盟の条件とするまでになった。国際連盟で失敗した人類は、国際連合で何とか平和を構築しようと努力している。

裁判員裁判から死刑対象事件を外すとか外さないという議論をすることは、決して賢明なこととは思わない。死刑も裁判員制度も廃止すべきであると考えるからである。その社説氏にも、もう少し裁判制度としての裁判員制度、刑罰制度としての死刑について突っ込んだ論究を期待し、その内容を発表して頂きたい。

第三章　最高裁判決の欺瞞

1　上告趣意を捏造した最高裁

——最高裁二〇一一年一一月一六日大法廷判決を三たび批判する

はじめに

著名なホテルやデパートのレストランなどで、メニュー表示とは異なる料理を出していたことが次々と明るみに出て、その状況はまるで底なし沼のようだという。エビの種類や漁獲地の偽装をはじめ、一般の肉に油を注入した加工肉を高級ビーフステーキ用として使っていたともいう。食通の人も、その偽装を見抜けなかったようである。

ネットでも紹介されていたのでご存知の方も多いと思うが、瀬木比呂志という元裁判官が自著（『民事訴訟の本質と諸相』日本評論社）で、最高裁が何故に裁判員制度推進に舵を切ったのかという経緯について、興味あるエピソードを紹介している。

今では周知のことになったが、最高裁は司法制度改革審議会（第三〇回）において、司法への国民参加の議論の中で、裁判に参加する一般国民が評決権を持つことは合憲性に疑義があるので評決権のない参加が望ましいというのは大方の裁判官の一致した意見だと述べていた。それがその後裁判員制度推進派に変貌し、二〇一一年一一月には裁判員制度合憲判決を打ち出した。その背景には一体何があったのかは暫く謎になっていた。瀬木氏はその点について有力な見方として次のように紹介している。

「それは、主として当時の国会方面からの制度導入に向けての圧力、弁護士会や財界からの同様の突き上げなどを認識し、裁判所がこれに抗しきれないと読んだことによるとされているが、その実質的な目的には、トップの刑事系裁判官達が、民事系に対して長らく劣勢にあった刑事系裁判官の基盤を再び強化し、同時に人事権を掌握しようと考えたという事実が存在するのは否定できない、という見方である。これは有力な見方というより、表立って口にはされない公然の秘密というほうがより正確かも知れない」（前掲184ページ）

もとよりその真偽は私の知るところではないが、私にとっては全く想像もっかなかった裏の事情であり、もしそれが本当のことであれば、裁判所は余りにも国民を愚弄する行為をしたことになる。そのことは、裁判所が国民、被告人の人権に重大な関わりのある制度の採否に重大な影響力を持っていながら、裁判員制度に対する態度の決定理由について、制度の本質によるものではなく、庁内の勢力争いという本質を外れた実につまらない動機で決せられていたことを意味するからである。

先年、『政府は必ず嘘をつく』（堤未果、角川SSC新書）、『政府はこうして国民を騙す』（長谷川幸洋、講談社）など、このようなタイトルの本が相次いで発刊された。詐欺という犯罪行為が成立するか、意思表示の瑕疵として取消の対象となる民事の詐欺になるかというような、法的に明確に詐欺という要件には該当しないものであっても、人間社会は、欺罔、つまり騙し、真実の隠蔽からは逃れられないものなのであろうか。

裁判所への信頼が崩れた

先の臨時国会で特定秘密の保護に関する法律案が審議され、自公などの賛成多数で可決成立した。特定秘密を守ることが国家の安全に寄与し、国民を守ることになるというのが政府の言い分であるが、本質的に政府というものは嘘をつく、真実を明らかにしない、国民を騙す存在である。そのほかにもこの世は偽り満載であるという数多くの実例を見せつけられては、この法律は、権力者が自らの虚偽を巧妙に隠蔽し、権力者に刃向う者は徹底的に叩きのめすことを目的とする、いわば「国家的悪事隠蔽推進法」ともいうべきものであろう。

我々の政府は嘘をつく、国民を騙す、社会は虚偽に満ちている。それは真実であるとしても、ここ裁判所だけは正義と真実のみが通用すると、法曹の端くれとして私は裁判所を信用して来た。何度か落胆させられたこともあったけれども、それは自分の力不足だと思い、自らを慰め、依頼者に力不足を詫びて来た。

しかし、裁判員制度の問題に関わり、私なりに考えを深め、その関連の最高裁判決を検討する機会を持ち、最高裁のその裁判員制度に対する関わり方を見て来て、その裁判所のトップ最高裁に対し、極めて残念なことではあるが次第に強い不信感を持つようになった。
私はこれまで二回に亘って最高裁二〇一一年一一月一六日大法廷判決、いわゆる裁判員制度合憲判決を批判して来た。そのいくつかは拙著『裁判員制度廃止論』に転載させていただいた。

最高裁の真っ赤な嘘

二〇一三年に入って、福島地裁郡山支部で行われた裁判員裁判で裁判員となり、その裁判員としての職務の遂行によって急性ストレス障害（ＡＳＤ）と診断された女性を原告とする国家賠償請求事件に、私ほか一名の弁護士とともに原告訴訟代理人となる機会を得た（第二章１参照）。

それまで私は、前記大法廷判決を何度も読み返してはいたが、上告趣意書等添付の資料を見ることをしなかった。しかし、今回その事件への対応の関係で、前記最高裁大法廷判決（最高裁刑事判例集六五巻八号登載）にかかる上告趣意書、同補充書、検察官の答弁書、第一・二審判決文に初めて目をとおした。これまで二本の同判決批判意見を書く上では最高裁の判決文のみを読めば事足りると考えていたのだが、今回初めて上告趣意書等に目をとおして、私は自分の甘さと怠慢を痛感し本当に恥ずかしくなった。もとより、これまで私が発表した意見に訂正を要するものはない。その、私がこれまで目をとおさなかった部分に目をとおしたことにより、最高裁の驚くべき虚偽性を知ったということである。以下はその内容である。

前記最高裁判決は、判決理由冒頭において、「弁護人小清水義治の上告趣意のうち、裁判員法の憲法違反をいう点について」としてつぎのとおり纏めている。肝要な点なので全文を掲記する。

1　所論は、多岐にわたり裁判員法が憲法に違反する旨主張するが、その概要は、次のとおりである。①憲法には、裁判官以外の国民が裁判体の構成員となり評決権を持って裁判を行うこと（以下「国民の司法参加」という。）を想定した規定はなく、憲法八〇条一項は、下級裁判所が裁判官のみによって構成されることを定めているものと解される。したがって、裁判員法に基づき裁判官以外の者が構成員となった裁判体は憲法にいう「裁判所」には当たらないから、これによって裁判が行われる制度（以下「裁判員制度」という。）は、何人に対しても裁判所において裁判を受ける権利を保障した憲法三二条、全ての刑事事件において被告人に公平な裁判所による迅速な公開裁判を保障した憲法三七条一項に違反する上、その手続は適正な司法手続とはいえないので、全て司法権は裁判所に属すると規定する憲法七六条一項、適正手続を保障した憲法三一条に違反する。②裁判員制度の下では、裁判官は、裁判員の判断に影響、拘束されることになるから、同制度は、裁判官の職権行使の独立を保障した憲法七六条三項に違反する。③裁判員が参加する裁判体は、通常の裁判所の系列外に位置するものであるから、憲法七六条二項により設置が禁止されている特別裁判所に該当する。④裁判員制度は、裁判員となる国民に憲法上の根拠のない負担を課すものであるから、意に反する苦役に服させることを禁じた憲法一八条後段に違反する。

しかし、刑事判例集の小清水弁護人の上告趣意を見れば、第一審裁判所は憲法に従った構成がなされなかったというものであり、その理由は「正規の裁判官は憲法八〇条一項本文前段の規定により最高裁判所の指名した者の名簿によって内閣でこれを任命することとされている一方、裁判員は市町村の衆議院議員選挙人名簿に登録されている者の中からくじによって全くの偶然で選ばれるに過ぎない。その権限は、正規裁判官と対等、場合によってはより強いものである。裁判員の存在を認める条文は憲法のどこにも存しない。裁判員の参加する合議体は憲法三二条に定める裁判所ではない。司法権を持たないかかる合議体が刑罰を科すことは憲法三一条に違反する。裁判員法は最高法規憲法に違反する無効な法律であり、裁判員の参加する合議体は非合法にして珍奇珍妙な根無し草であり、宙に浮いた幽霊にすぎない。被告人には裁判員裁判を受けない権利は認められていない。正規裁判官に不当評決是正の道はない。また、裁判員の参加する合議体が仮に裁判所であるとしても、予備的にそれは憲法七六条二項前段の特別裁判所に該当し、憲法違反である」というものである。

同弁護人は、それに続いて、これまで学説等として述べられた一四の文献を列記しているけれども、その文献記載の主張を上告理由として主張するものでなく、単なる参考資料として提示しているものである。そのことは最高裁も了知していたのであろう、それらの文献で取り上げられている問題を上告理由として取り上げて判断することはしていない。また、同弁護人は、「『裁判員制度』は『違憲のデパート』と言われるほど多種多数の憲法問題を包含している。しかしながら、本件での上告理由としては最も単純で明快な問題として、憲法八〇条一項本文前段の『正規裁判官』の任命制度、裁判員法の『裁判員』の選任制度との『齟齬矛盾』の問題だけをとりあげるにとどめる」（前掲132ページ（148ページ）、傍線は筆者）、「第一審判決は、刑事訴訟法第三七七条第一号法律に従って判決裁判所を構成しないことにもろに該当しており、控訴裁判所はこの点の判断を誤っている」と態々その点のみを上告趣意とするものであることを明記しているのである。

前述した、最高裁が上告趣意としてまとめた部分の冒頭の「所論は、多岐にわたり裁判員法が憲法に違反する旨主張する」との記述は真っ赤な嘘であり、上告趣意書は実に単純明快だったのである。

上告趣意の曲解

小清水弁護人は、そのあとに「付記」として、いかなる意図を込めたものかは理解の限りではないが、「本件裁判に関わる関係者全員の立場（義務、責任、任務）について述べる」と切り出し、「被告人の義務」「日本国の責任」「裁判員の責任」「正規裁判官の責任」「当弁護人の任務と責任」「控訴審裁判官の責任」なる標題で意見を述べている。

小清水弁護人は、前記のとおり上告趣意を限定することを明示した後の付記中に、裁判員となることは「多種多様の法的制裁（過料など）をちらつかされての義務として押し付けられた『苦役』であったのである。この『苦役』とは、憲法一八条の『何人も……犯罪による処罰の場合を除いては、その意に反する苦役に服させられない』における『苦役』と同じ意味内容である。したがって裁判員たちが、仮に憲法違反の認識を抱いていたとしても……参加の拒否という実行行為に移す勇気や決断がなかったことは優に推察できる」「当弁護人の心はずきずきと痛み続けた。仕事への悪影響、収入の減少、就職活動への妨害、自分自身の病気、負傷、精神不安、家族の介護。このような辛く苦しい回答書を裁判所へおずおずと返送した多くの人たちに『お気の毒ですね。不運ですね』という深い同情を覚えた。このようなことからしても、千葉地方裁判所の裁判員たちに憲法違反の責任を負わせることはできない」と記述する中で「苦役」という表現を用いただけであり、裁判員制度は裁判員に苦役を強いるものであって憲法一八条違反である、よって原判決は破棄されるべきである、などとはどこにも記してはない。上告趣意補充書にも記してはいない。

また、小清水弁護人がその上告趣意書中で憲法七六条三項を引用している部分は「上告理由の第一次的主張として、このような『裁判員』となる者が評議評決に加わった『裁判』は、憲法が許す『裁判所』による『裁判』ではなく、刑事訴訟法第三七七条第一号に該当し、同法第四〇五条第一号の定める事由となるということ」と主張し、その理由中の「不当評決への対策」のタイトルの項目の中で、「また、本職であり専門家でもある正規裁判官の立場から見て、あるいは従来の判例に照らして、評決結果がいかにも不当である場合には是正の道を正規裁判官に与えなければならない。そうでなければ、正規裁判官の役割がないことになるし、また、憲法第七六条第三項の下記規定が画餅に帰するからである。『すべて裁判官は、その良心に従ひ独立してその職権を行ひ、この憲法及び法律にのみ拘束される』……この点でも『裁判員制度は憲法違反』の結果を惹起する」という形で述べられているものである。

憲法七六条三項違反を上告理由として取り上げるのであれば、何故それがその憲法に違反するかの詳細な根拠づけが必要であるのに、弁護人としては上告趣意とする意思はなかったから、その根拠づけは一切していない。弁護人としてはそれを裁判員裁判が憲法八〇条一項違反であるとの上告理由の一つの根拠事実として述べているに過ぎないものであって、前述のとおり「憲法八〇条一項本文前段の『正規裁判官』の任命制度と裁判員法の『裁判員』の選任制度との齟齬矛盾の問題だけをとりあげるにとどめる」と態々断り書きをし、裁判員制度は「違憲のデパート」と言われるほど多種多数の憲法問題、その中には当然に憲法一八条違反、憲法七六条三項違反の問題もあるけれども、それらは上告理由とはしないと態々明言しているのである。それ故、小清水弁護人が上告趣意書中で「苦役」という言葉を用い、憲法七六条三項に絡めて「裁判員制度は憲法違反」との表現を用いているからといって、最高裁としてはこれを上告理由として取り上げるなどということは許されないものである。

現に、小清水弁護人の上告趣意書に対する検察官三浦守の答弁書の内容も、「第1　憲法第八〇条第一項に違反するとの主張について」と題して意見を述べているだけであって、憲法一八条違反の点、七六条三項違反の点などには全く触れていない。本件では、偶々検察官側に有利な判決が下されたから表面化することはなかったけれども、仮に検察官敗訴という事態になっていれば、上告趣意書が最高裁の掲記するものが正当なものだとすれば、この検察官の答弁は、上告趣意を曲解したか、一部を欠落させたか、いずれにしても著しい職務怠慢が指摘されるべきものであったであろう。

第一審千葉地方裁判所刑事第一部における裁判において憲法問題は全く論じられず、第二審東京高等裁判所第一一刑事部における控訴審に至って初めて裁判員法の違憲論が小清水弁護人によって展開されたが、その控訴の趣意も憲法八〇条一項、七六条二項違反を言うのみで一八条違反、七六条三項違反の主張はされてはおらず、従って東京高裁も憲法八〇条一項、七六条二項違反の点についてのみ判断を示していた。

しかるに前記大法廷判決は、小清水弁護人の上告趣意の要約として同弁護人が特に上告趣意とはしていない憲法一八条後段違反と憲法七六条三項違反の問題を全く独自に上告趣意として取り上げ、判断してしまったのである。

裁判に必要のない法令の合憲性は判断できない

この最高裁の行為はいかなる問題として捉えられるべきものであろうか。

そもそも憲法八一条によって終審としての法令審査権が最高裁判所に与えられた趣旨は、最高裁判所に対し憲法裁判所としての権限を与えたものでなく、その法令審査は具体的な争訟を裁判するために必要な限度において行われるべきものである。裁判所は、その裁判をするのに必要のない法令については、その合憲性を審査することはできない（宮澤俊義『コンメンタール日本国憲法』692ページ、以下「宮澤前掲書」として引用）。すべて法令はそれぞれの制定者によって合憲と判断された上で制定されるものであり……最高裁判所が法令の合憲性を特に審査することなく、だまってこれを適用した場合は……そこにその法令の合憲性に関する最高裁判所の判断が存するということはできない（宮澤前掲書676ページ参照）。つまり、そのような形でされた判決は、いわゆる判例とか先例としての価値を全く有しないということである。

前述のとおり、裁判所は、合憲性の審査を、ある法令を違憲とする当事者の主張に基づいて行うのが原則である。繰り返すが、裁判所は、その裁判をするのに必要のない法令についてはその合憲性を審査することができない。その裁判に関係のない法令等についてまで裁判所が合憲性の審査をすることができるとすると、裁判所は具体的な争訟の裁判においてしか法令の合憲性審査権を行使することができないとすることの意味が失われてしまうおそれがある。この意味からすると、裁判所が、その裁判書において、その主文の判断に直接に関係のない法令の合憲性の判断をすることは妥当を欠くだろうと説かれている（宮澤前掲書628ページ、629ページ）。

前記のとおり大法廷判決は、上告人弁護人が態々明確に上告趣意とはしない旨を明記し、被上告人も上告趣意とは捉えていない事項を、弁護人が付記した文書の中の上告趣意の脈略とは全く関係のない感想的なものの中にたまたま「苦役」という言葉を発見し、また、憲法八〇条一項違反の上告趣意の中でその根拠とした文言中にたまたま「憲法七六条三項違反」との表現があるのを奇貨としてこれらを強引に上告趣意として取り上げ、判断を示したものである。

最高裁は、前述の宮澤氏の著書の中の「妥当ではない」「審査することはできない」という意見に抵触しないように、実に巧妙に弁護人がさも上告趣意として主張したかのような体裁を採用した。これは明らかに国民を欺罔するものである。かかる経過によって上告趣意として構成され、それについて示された判断は、その内容如何にかかわらず憲法八一条違反の判断であり、判決理由としての意味も拘束力もないものである。

この最高裁判決が内容としても稀代の迷判決であり、到底容認し得ないことは既に別に記した。新潟大西野教授の強烈な批判意見もある。

しかし、そのような実質的不当判決というだけではなく、前記のように、上告理由とはなし得ないものを上告理由として構成し、それを判決に明記し、さも弁護人が真実上告趣意としたかのように装った最高裁の欺瞞的行為は、国民として到底許し得ないことと言わざるを得ない。

前述のとおり、上告理由としてそれに対し判断を示すことは最高裁判例として重い意味を持ち、現に大法廷判決に次ぐ小法廷判決は判で押したように「判例及びその趣旨に徴して明らか」と述べている（最高裁平成二三年（あ）第一〇八一号事件平成二四年一二月六日判決［一小］、平成二三年（あ）第九六〇号事件平成二四年一〇月一六日判決［三小］等）。

政府が国民に対し嘘をつくことは前掲の図書の表題からも窺い知れるところではあるけれども、正義と人権擁護の最後の拠り所としての最高裁が、こと裁判員制度の維持のためならばこのような禁じ手までも使うのかと思うと慄然とさせられる。この判決の恐ろしさは、そのことだけではなく、この欺罔行為が裁判官一五人全員一致、一人の反対意見もなかったということである。それらの裁判官の最も大切すべき良心はどこに吹き飛んでしまったのであろうか。

裁判員制度推進のための旗振り行為

最高裁は、何故にかかる国民を欺罔するような手段を用いてまで、裁判員制度全体の合憲判決を導き出そうとしたのであろうか。

最高裁は、前述のとおり司法審の審議の過程で、一般国民が裁判において評決権を有する裁判は合憲性に疑義があるということは大方の裁判官の一致した意見である旨述べていた。しかし、裁判員法成立後は裁判員制度推進側に転換し、現に多数の裁判員裁判が行われるようになった。このような状況下では、下級審裁判官に一刻も早く裁判員制度は違憲のデパートではないから安心して審理に臨んで欲しいとの配慮が働いたであろうことは十分に考えられる。

　つまり、上記大法廷判決は、裁判員制度推進のための旗振り行為であったのである。同判決は、末尾において、「裁判員制度は司法の国民的基盤の強化を目的とするものであるが、それは国民の視点や感覚と法曹の専門性とが交流することによって相互の理解を深め、それぞれの長所が生かされるような刑事裁判の実現を目指すものということができる……長期的視点に立った努力の積み重ねによって我が国の実情に最も適した国民の司法参加の制度を実現していくことができるものと考えられる」と判示する。

　この判示は上告趣意に対する判示ではない。正に国策である裁判員制度推進の一翼を担おうとする極めて政治的発言である。ここまで判示されると、コリンＰ・Ａ・ジョーンズ氏がその著書『アメリカ人弁護士が見た裁判員制度』（平凡社新書）において記している「裁判員制度は誰のものかとの問いかけに対する答えは、まずは『裁判官のための制度である』が答えになる」（２１０ページ）、「裁判員制度は裁判所に対する批判をなくすためのもの」（２１２ページ）との意見は真実であり、それ故に裁判所は石にかじりついてでもこの制度を手放したくないと本当に思っているのではないかと邪推したくなる。

　裁判員法一条は、司法の趣旨として、裁判員裁判は「司法に対する国民の理解の増進とその信頼の向上に資する」と記す。しかし、この裁判員制度に関する最高裁の態度は正に「司法から国民を離反させ、司法に対する国民の不信を増大させることに資する」ものであることは間違いがない。

前掲瀬木氏著書に「現在では、制度に表立って批判したりしたらとても裁判所にはいられないような雰囲気となっている。こうした無言の統制の強力なことについては、弁護士会や大学など比較にならない（共産主義社会における統制と自由主義社会における統制くらいの大きな違いがある）」と記述がある（184ページ）。

この記述は、こと裁判員制度に関しては、裁判官は憲法七六条三項を遵守することが困難な状況にあることを意味する。司法にとってこれほど危険な状態があるであろうか。

この最高裁大法廷判決について、憲法学者や、今なお裁判員制度推進の立場をとり続けている日弁連は、どのように評価するであろうか。この論考が私の大きな考え違いであり、この最高裁大法廷のとった行為は何ら問題にならないというのであれば、是非その説得力ある根拠を聞かせて欲しい。

この稿を書き終えるころ、私の地元の『河北新報』に五野井郁夫氏（高千穂大准教授）の「民主主義を揺るがす秘密保護法」と題する論考が掲載された。その中に、「この息苦しい法律が成立した現在、わたしたちは民意をどう表現してゆけるのか。じつはまだ方法はある。まず違憲立法審査権によって本法が憲法違反にあたることを司法に問うことができる」という記述を見た。

私も、裁判員制度に関する一連の最高裁判決を知らなければ、五野井氏と同じようなことを書いたかも知れない。しかし、私はこの大法廷判決の全体像を見て完全に叩きのめされてしまっているので、この五野井氏の言うような楽観論を述べる気には全くならない。

私は、この大法廷判決の持つ危険性については、マスコミはいくら大々的に取り上げても取り上げ過ぎることはないと思っている。それは日本の司法を健全な方向に向かわせるためには絶対に必要なことと信じるからである。

2　いわゆる裁判員制度大法廷判決の判例価値

——裁判員の参加する裁判所は特別裁判所ではない

はじめに

　最高裁判所が裁判員制度について示したその政治性については、これまでも複数回取り上げて論じてきた。しかし、これまで記述したところを念頭に置き、改めてその大法廷判決を読み直してみて、そこには先に指摘した上告趣意の捏造ばかりではなく、そのほかにも捏造或いは変造とも称し得る行為があること、それに関連して正当な上告趣意に対する判断遺脱があることに遅ればせながら気が付いたので、それをここで指摘し論じたい。

大法廷判決の掲記する上告趣意

　さきのいわゆる裁判員制度合憲大法廷判決（2011・11・16判決、最高裁刑事判例集六五巻八号、以下「大法廷判決」という）において、上告人弁護人（以下「弁護人」という）が上告趣意としないことを明言していることについて、最高裁はさも上告趣意とされたかのように判断を示したことについては、それは上告趣意の捏造であり、その判断には判例としての価値はない旨論じた（第三章1参照）。本稿で論じたいことは、大法廷判決のメインの判断部分、裁判員制度を合憲と判断したその判決理由冒頭の上告趣意としてまとめられているつぎの部分についてである。それは、

憲法には、裁判官以外の国民が裁判体の構成員となり評決権を持って裁判を行うこと（以下「国民の司法参加」という。）を想定した規定はなく、憲法八〇条一項は、下級裁判所が裁判官のみによって構成されることを定めているものと解される。したがって、裁判員法に基づき裁判官以外の者が構成員となった裁判体は憲法にいう「裁判所」に当らないから、これによって裁判が行われる制度（以下「裁判員制度」という。）は、何人に対しても裁判所において裁判を受ける権利を保障した憲法三二条、全ての刑事事件において被告人に公平な裁判所による迅速な公開裁判を保障した憲法三七条一項に違反する上、その手続は適正な司法手続とはいえないので、全て司法権は裁判所に属すると規定する憲法七六条一項、適正手続を保障した憲法三一条に違反する。

というものである。

弁護人の上告趣意

ところで、その最高裁が上記のように上告趣意としてまとめた部分について、弁護人は、上告趣意書においてどのように記述しているであろうか。

その上告趣意として弁護人が述べている要旨は「第一審判決は、正規の裁判官（最高裁判所の指名した者の名簿によって、内閣でこれを任命するとの憲法八〇条一項本文前段の規定に基づいて任命された裁判官のこと）三名によって行われた外観を有するが、実際には正規の裁判官ではない『裁判員』なる者が加わってなされたものであり、かかる裁判は憲法が許す『裁判所』による『裁判』ではなく、刑事訴訟法三七七条一号に該当し、同法四〇五条一号の定める事由となる」というのがその冒頭部分である。

同弁護人はその理由として、おおよそ以下のとおり述べる。

「裁判員は、正規裁判官とは異なり、市町村の衆議院議員選挙人名簿に登録されている者の中から〝くじ〟という全くの偶然で選ばれるに過ぎない。それは正規裁判官の任命手続とは根本的絶対的に異質な手続である。裁判員は裁判の評決において強権を有する。裁判を受ける被告人の立場からすれば、『裁判員』も『正規裁判官』も『私めをお裁きなさるお方であり御上（おかみ）である』ことに違いはない。裁判員制度を認める条文は憲法上どこにもない。裁判員の加わった裁判所は憲法三二条、七六条一項の裁判所ではない。それは公平か不公平かの問題以前のことである。被告人にはこの裁判員裁判から逃避できない。また裁判官については陪審法九五条に匹敵する条文はない」というものである。

さらに、弁護人が上告趣意の結論として「『裁判員制度』は『違憲のデパート』と言われるほど多種多数の憲法問題を包含している。しかしながら本件での上訴理由としては、最も単純で明快な問題として、憲法八〇条一項本文前段の『正規裁判官』の任命制度と裁判員法の『裁判員』の選任制度との齟齬矛盾の問題だけをとりあげるにとどめる」と述べている。

この弁護人の上告趣意は、要するに「全くの素人である者の中から〝くじ〟で選ばれた者に、裁判において被告人に対する生殺与奪の権を与えることは憲法の認めないところである。そのような者の加わった裁判は裁判とは言えない」というものである。弁護人がその上告趣意結論部分で強調しているように、弁護人が最高裁に対しその判断を求めていることは、正規裁判官の任命制度と裁判員の選任制度という裁判担当者の選び方の食違いは憲法上認められるものか否かということであり、憲法問題に関する上告趣意は上記の点だけであって、そのほかの問題は本事件には関係がないと明言しているのである。

原審の控訴理由等について

この点について、原審東京高裁の判決は「論旨は、要するに、原審の判決裁判所は裁判官三名と裁判員六名によって構成されているが①裁判官でない裁判員が刑事裁判に関与したという点で、下級裁判所の裁判官の任命方法を定めた憲法八〇条一項に違反し」と論旨をまとめている（②の論旨は特別裁判所に該当する旨の主張である）。つまり、原審の判断は、弁護人の主張を、裁判員の任命方法が裁判官と異なること、そのように選任された裁判員の加わる裁判の憲法違反性を主張するものと解している。

それに対する判断として「憲法八〇条一項は、あくまでも下級裁判所の裁判官についてその任命方法を定めたものにすぎないと解されるから、裁判官でない者が刑事裁判に関与したという一事をもって同条項違反の問題が生じるものとは考えられない」と判示している。その原審の判断内容が、控訴の論旨を、憲法が国民の参加を許容するものか否かの問題と解してしまい、その点で控訴の論旨と噛み合った判断をしてはいないけれども、控訴の論旨を裁判員の選任方法に関するものと解した上で判断していることは間違いがない。

また、上告審における検察官の答弁書も「弁護人の所論は、裁判員法上、裁判員選任手続によって選任された裁判員が、各種権限を有し、下級裁判所を構成される点は、下級裁判所裁判官の任命手続を定めた憲法第八〇条第一項に違反するというものである」と捉えている。

これら、原審判決のまとめた控訴論旨、上告審検察官答弁書記載の上告趣意の捉え方は、いずれも裁判員の任命手続と憲法八〇条一項との整合性の有無に弁護人の真意があるものと捉えている。その捉え方が正当なものであることは上記のところから明らかであろう。

大法廷の上告趣意記載の虚偽性

しかし、大法廷のこの点の上告趣意の記載には、驚くべきことに、この裁判員の任命方法と憲法八〇条一項の関係の記述が全く抜け落ち、憲法八〇条一項を「下級裁判所が裁判官のみによって構成されるものと定めている」とその主張にまとめ、いわゆる国民の司法参加が憲法八〇条一項上許容されるものか否かという論旨にすり替えてしまっている。これは明らかに、弁護人が最高裁に判断を求めている内容とは異なるものである。弁護人は憲法八〇条一項の解釈として「下級裁判所が裁判官のみによって構成されることを定めたもの」などとはどこにも記していない。弁護人の前記上告趣意を見れば、そこに記されているのは、その裁判官と裁判員のそれぞれの選任方法の違いに関することのみである。

また弁護人は国民の司法参加が憲法に違反するなどとも記していない。弁護人の論法に従えば、仮に裁判員なるものが憲法八〇条一項に従い最高裁判所の作成した名簿に基づき内閣総理大臣によって任命されるものであれば憲法に違反するものではないとも解され得るものである。

最高裁は、原審及び上告審検察官が正しく理解していた弁護人のその上告趣意についての判断を示さなかった。元東京高裁判事大久保太郎氏は「裁判員は実質は裁判官であるが、かかることは憲法八〇条一項前段の『下級裁判所の裁判官は最高裁判所の指名した名簿によって内閣でこれを任命する』との規定に違反する」と述べている（弁護人も引用する『判例時報』一八一〇号3ページ、同著者「裁判員制度案批判（続）」上、『判例時報』一七七二号4ページ）。弁護人の上告趣意は正にこの内容であった。

上告趣意として憲法八〇条一項について「下級裁判所の裁判官の任命方法」を定めるものと解することと、大法廷判決のように「下級裁判所が裁判官のみによって構成されることを定めるもの」と捉えることとは全く異なる。

最高裁が以前に疑義を呈した国民参加の問題

これまでにも何度も取り上げ、また、西野喜一新潟大学名誉教授（最近では『さらば裁判員制度』ミネルヴァ書房、131ページ）等によっても指摘されている、司法制度改革審議会第三〇回会議で当時の最高裁中山総務局長が説明した、大方の裁判官の意見をまとめた「国民の司法参加に関する裁判所の意見」なるペーパーに記載の「参審制について憲法上の疑義を生じさせないためには、評決権を持たない参審制という独自の制度が考えられよう」とされたことについては、その真の憲法上の疑義なるものの内容は不明であるが、弁護人が「最も単純で明快な問題」と述べたこの裁判担当者の任命方法を定める憲法八〇条一項に関する違憲性が、その疑義の最大のものであったのではないかと推察される。

大法廷判決は、何故に、弁護人の上告趣意をこのように歪めて捉え、正しい上告趣意に対する判断を怠ったのであろうか。

以下の考察は、その理由を探る一つの作業である。

憲法八〇条一項の「裁判官」の解釈

最高裁として、かかる弁護人の上告趣意を正しく捉えた場合に、本来どのように対応すべきであったであろうか。まず、憲法八〇条一項に定める「下級裁判所裁判官」とはいかなるものかから検討すべきであったと考える。私は、以前、宮澤俊義教授が説かれるように（『コンメンタール日本国憲法』６０３ページ）、憲法第六章に定める「裁判官」は「裁判所を構成する者」と解するのが正当である旨主張してきた（第一章2参照）。憲法七六条三項の「裁判官」について、『詳解日本国憲法』（下巻１１３７ページ）も同様に「裁判官は、裁判所において裁判を担当する職員である。書記官、執行吏、又は専ら司法行政事務を担当する職員と区別される」と指摘する。憲法第六章記載の「裁判官」は、裁判を担当する者という意味であって、宮澤教授も説くように、下位法である裁判所法が定める裁判官という名称のものを指すものではない。裁判を担当する者、つまり司法という国家の機能を実際に担当すべき者を、国家はどのようなものから選任すべきか、どのように遇するか、どのような名称を付すか、下級裁判所をどのような組織のものと定めるかは全て法律に委ね、ただ、基本的要件として、その下級裁判所の裁判担当者について、任命権者、任期、定年、報酬について枠をはめたものである。

それ故、この憲法の定めた枠の中で、法律として下級裁判所裁判担当者について、その資格、名称等も定められなければならないということである。帝国憲法の呼称する「裁判官」が天皇の任命する官職であり、それに慣れ親しんできたがために、下位法である裁判所法が用いている裁判官という用語を、憲法第六章で用いられている裁判官という用語と同じものと解してしまっている。これは、原審も上告審検察官も同様であったと思われるが、それは誤りである。

しかし、前述のように、憲法第六章に定める裁判官は裁判担当者という意味の用語であって、宮澤教授も説くように、法律がその裁判担当者の呼称を「裁判人」とか「裁判員」と称しても一向に差し支えないものである。仮に憲法が「裁判官」という用語の部分を「裁判員」と表示していたら、今回のような判断に到達したであろうか。憲法八〇条一項はその裁判担当者、つまり国家の司法権の行使者として国民に奉仕すべきものは、全て同条項に定める任命手続を経たものでなければならないということである。

裁判員をくじで選任することの違憲性

弁護人が、繰り返し裁判員の選任手続と正規裁判官の任命手続の違いを問題視し、くじで選任された者が裁判担当者の地位に就くことは憲法八〇条一項の許容するものではないと述べていることは、最高裁が要約している国民の司法参加の許容問題とは全く別の問題なのであり、大法廷は、弁護人の上告趣意を、上告趣意として正しく捉え、その点についての判断を示すべきものであった。

裁判員法に定める裁判員は、弁護人も述べるように、一部の除外はあるけれども、評議において事実認定をし、有罪無罪の判断をし、有罪と判断された場合には死刑を含む量刑判断もなし得る権限を有する者である。それは正に裁判の核心部分を担当する非常勤の裁判担当者、憲法の定める裁判官である（前記大久保元裁判官の記述参照）。最高裁判所のホームページでは裁判員は非常勤の裁判所職員であると記載している。裁判員の職務が裁判であることは明らかであるから、裁判員は裁判を担当する非常勤裁判所職員、つまり非常勤裁判官であることを最高裁判所も自認しているということである。常勤か非常勤かは関係がない。被告人から見れば、弁護人も述べるように、裁判官も裁判員も自分を裁く者には違いがないからである。

そうであれば、裁判員法の定める裁判員という裁判担当者の選任方法、即ち〝くじ〟で選ぶ方式を採用するなどということは、憲法の全く容認していないものであることは明らかである。

裁判担当者の憲法八〇条に定める選任方法の実質的意義

それでは何故に裁判担当者についてかかる選任方法は守られなければならないのか。その実質的理由は何か。

「そもそも国政は、国民の厳粛な信託によるものであって、その権威は国民に由来し、その権力は国民の代表者がこれを行使し、その福利は国民がこれを享受する」と憲法前文は記す。司法権も国家権力であるから、その行使者は国民の代表者とみなされるものでなければならない。

最高裁は、憲法が国民の司法参加を認めているか否かの解釈を引き出すについて、憲法成立の際の議論、諸外国の例等を引き合いに出していわゆる複合的解釈手法（笹田栄司、重要判例解説平成二四年度、『ジュリスト』一四五三号10ページ）を駆使しているけれども、それはまず結論ありきから出発して、その結論に理由を強引に後付けした牽強付会の軌跡に過ぎないものであって、憲法解釈の手法としては邪道に類するものであろう。

本来の憲法の解釈手法は、その憲法の依って立つ憲法原理、それを定めた憲法前文と憲法全体の構成、文理に基づくべきものである。

司法権という国民の生命・自由・財産に直接関係し、公正・公平・不羈独立を要求される、その担当者に対しては全人格的行為の要求される分野において、その権力を行使する者が、全国民から基本的にくじで選ぶことを正当化し得るなどと考えることは極めて異常なことであろう。

民主主義と司法の独立性とは緊張関係にある。その民主主義と司法の独立性の確保という本来制度設計の困難な問題、兼子一教授のいわゆる民主司法のジレンマと言われる問題（『裁判法』20ページ）について、憲法は下級裁判所の裁判担当者について「最高裁判所の指名した者の名簿によって内閣でこれを任命する」という方式を選択、採用したものである。

この内閣の任命方式は、裁判担当者の地位の民主的正統性を保つ上では不可欠なことである。司法制度改革審議会の竹下会長代理は、第三二回会議（二〇〇〇年九月二六日）の冒頭で「憲法は、一方で議院内閣制を前提として、この議院内閣制の下にある内閣の任命またはその前提として最高裁判所の指名というものを予定するというところに、司法という、立法、行政とは異なる統治作用の民主的正統性のぎりぎりの根拠を求めていると解されるわけです」と述べている。それ故、仮に素人が裁判員という名の裁判担当者に就任することが有り得るとしても、この任命方式その他憲法八〇条の定める要件を満たさなければ、憲法の定める司法権行使の民主的正統性を満たしたとは言えないものとして、違憲の存在と評さざるを得ないこととなる。

いわゆる先進国の中には陪審または参審と称される国民の司法参加制度を持つ国もあるけれども、それは各国の歴史や国民感情、裁判についての国民の認識に大いに関係する、いわば司法文化とも言うべきものであり、それらの国がかかる制度を採用しているからといって、わが国の憲法の解釈をそれらに符合させる必要性はない。

弁護人は、かかる論法は用いてはいないけれども、その任命制度の重要性を感知し強調して、前述の上告趣意に至ったものと解される。なお、憲法・法律に疎い素人が裁判担当者として、憲法七六条三項に定める憲法および法律に従った裁判が可能であるなどということは、万人の認め得ないことであろう。

憲法八〇条は裁判担当者がプロかアマかは定めていない

大法廷判決は「憲法八〇条一項が、裁判所は裁判官のみによって構成されることを要求しているか否かは、結局のところ、憲法が国民の司法参加を許容しているか否かに帰着する問題である。」と判示する。憲法八〇条一項は裁判担当者の任命方法を定めるものであって、任命される者がいかなる者であるべきか、いわゆるアマであるかプロであるかについては定めていないのであるから、憲法八〇条一項が国民の司法参加を許容しているか否かに帰着するなどということではない。それとは全く関係のないことである。

大法廷判決がかかる誤った判断をしているのは、憲法八〇条一項が、本来裁判担当者の任命方法を定めた条文であるのに、そうとは解さないで、「裁判官」を裁判所法に定める裁判官と決めつけてしまい、それ以外の者については何ら定めていないものと思い込んでしまったことに起因する。

大法廷判決の誤りの理由

大法廷判決がかかる判断をしたのは何故か。

調査官という優秀なスタッフを抱え、いわば司法界の最高の頭脳集団である最高裁が、前記宮澤教授等の著書の記載を見落とし、或いは前記竹下会長代理の裁判担当者の民主的正統性に関する発言を顧慮することなく、憲法第六章に定める裁判官について、それは裁判所法に定める裁判官と同一のものであると解するようなことはまずないであろう。

憲法八〇条一項の定める裁判官任命方法について、その裁判官を裁判担当者と解せば、裁判員法に定める裁判員の職務権限からして、裁判員は紛れもなく裁判担当者であるから、裁判員の任命方法をくじで選ぶ裁判員法の規定は、どんな理屈をつけようとも憲法八〇条一項に違反すると解さざるを得なくなる。

　大法廷が、弁護人の上告趣意を判決文記載のように掲記して正しい弁護人の上告趣意を示さず独自の捉え方をし、弁護人の正しい上告趣意に対し判断を示さなかったのは、率直に言わせて貰えば、何としても「裁判員制度を憲法違反であると判断することを避けたい」との思いがあったとからとしか解し得ない。つまり、先に述べた司法制度改革審議会第三〇回会議における最高裁判所の提案に見られる「参加する国民に評決権を与えることの憲法上の疑義」が現実化する、即ち「憲法上許されないもの」となることを最高裁は恐れたのである。

　弁護人が、裁判官と裁判員との任命手続の齟齬矛盾のみを上告趣意の根幹に置き、その指摘のみによって、裁判員の参加する裁判は憲法八〇条一項本文前段に定める裁判所たり得ないことは「最も単純明解」と評していることは誠に尤もなことなのである。

大法廷判決の判例価値

　以上述べたところから明らかなように、前記大法廷判決は、通常、裁判員制度合憲判決と評されており、私もこれまでそう評してきたけれども、その合憲性の判断は、上告趣意を正解しないで、本件裁判には必要がないのに抽象的に憲法解釈論を展開するという憲法裁判所的判断としてなされたものであり、本来憲法八一条が最高裁判所に与えた違憲法令審査権を逸脱したものと評さざるを得ない（宮澤前掲６７６ページ、６９２ページ参照）。

大法廷判決が唯一示した判例的価値を持ち得る判断は、裁判員の参加する下級裁判所は憲法七六条二項の定める特別裁判所には該らないとの判断ただ一点である。

それ故、この大法廷判決を裁判員制度合憲の判例として引用する後続の小法廷判決は、全て違法な判断をしていることになる。なぜなら、裁判所法一〇条一号は「当事者の主張に基づいて、法律、命令、規則又は処分が憲法に適合するかしないかを判断するとき」は大法廷において判断されなければならないと定めていることにより、裁判員法の前記大法廷判決の合憲とされた部分については、未だ判例は存しないのであるから、後続の小法廷は、これを判例として引用することは許されず、裁判員制度の違憲性が主張された場合には改めて大法廷において審議・判断されなければならなかったということである。

最高裁の説明責任

もとより、仮に、改めて裁判員制度の合憲性について大法廷が審理判断することになっても、その裁判員制度推進に前のめりの姿勢を保つ最高裁が、今さら違憲の判断を下すとは到底予想されない。裁判員の職務に就くことを国民に強制することが憲法一八条の定める苦役に該当するか否かについて、それは参政権と同様の権限を付与するものと裁判官全一致で解するような裁判所であれば尚のことである。

しかし、前記のとおり、弁護人の八〇条一項の裁判官と裁判員の任命選任制度の齟齬矛盾の憲法問題について、憲法八〇条一項に定める「裁判官」は裁判所法の定める裁判官に限定されるものではなく、裁判担当者と解さざるを得なくなれば、最高裁が裁判員選任制度の憲法問題についてそれを前提に、複合的解釈手法など回りくどい論法によってではなく、どのように、説得力ある論法をもって分かり易く判示するかを国民は確認することはできることになる。最高裁判所裁判官各人は、国民の僕として国民に対し、真にその良心に従って説明責任を十分に果たすべきである。

おわりに

これまでこの大法廷判決を検討してきて思うことがいくつかあるので以下にそれを記す。

第一に、全ての最高裁の判決を論評するためには、その上告趣意書、原審判決の詳細な検討が必要であり、単に市販されている判例紹介書記載の判決書だけで論評すること（私もこれまでの論稿ではそうしてきた）は許されないことを教えられた。それは一つの収穫ではあるが、判決書というものはそこまでしないと論評できないということは何と情けないことであろうかとも思った。

先ごろ、横浜市内のマンションで基礎杭の打設工法が正当なものでなかったために建物全体が傾斜するという考えられない事件が明らかになった。出来上がった建物の外観は実に立派なものでも、その見えない基礎部分が安全性を確保し得ないものだったということは、私にこの大法廷判決を連想させた。判決文のみを見れば、確かに複合的解釈手法を駆使し、いかにも理路整然とした尤もらしい判決のように見える。しかし、その判決に至るまでの、余り一般市民の目に触れない上告趣意等を検討すれば、その大法廷判決は砂上の楼閣でしかなかったのではないかと思われるからである。

前記大久保太郎氏が、二〇〇一年三月一一日『判例時報』一七三五号掲載の「司法制度改革審議会の中間報告を読んで」の論文中において、「最高裁が違憲の疑いがあるとする制度を敢えて独自の考えで『合憲だ』と押し切って貴重な国費を使って構築しようとするのは基礎工事を等閑にした建築に比すべきであり、無謀の誇りを免れないといわなければならない」と述べているのは誠に慧眼であったと思う。裁判員法第一条は、裁判員制度によって司法に対する国民の理解の増進とその信頼の向上に資すると定めるが、この最高裁大法廷判決は、裁判所に対する国民の信頼を根底から覆したとも言えるものである。

第二に思うことは、この判決についてのいくつかの解説書は、大手法学系書店から発刊されている。その解説を担当した者は、以前から裁判員制度を肯定、礼賛してきた学者、研究者であり、根本的批判をなし得る学者を排除している。ジャーナリズムが、違憲性が以前から指摘されているこの制度の解説を担当する者として、合憲の立場の者に偏した解説書を出すことは、国民、特にその学界、学生に対しことの本質を見誤らせる危険性があり得ると考えると、恐ろしさと嘆かわしさを感ぜずにはおられない。最高裁時の判例（『ジュリスト』一四四二号）は、大法廷判決起案にも携わったであろう最高裁調査官西野吾一氏、「憲法判例百選Ⅱ第6版」（『別冊ジュリスト』№218）は、岩波講座憲法4『日本国憲法と国民参加』の執筆者土井真一京都大学教授、重要判例解説（『ジュリスト』一四五三号）は、「裁判員制度と日本国憲法」（『法律時報』七七巻四号）の執筆者笹田栄司早稲田大学教授というメンバーを見れば、そう受けとらないことの方がおかしいであろう。

第三に思うことは、前述のとおり、大法廷判決は憲法八〇条一項が裁判官の任命方法の規定であることには触れず、ただ国民参加を否定する規定ではないと解した。しかし、同条は前述のとおり国民参加の是非に関係する規定ではない。そこで定める任命方法の枠の中であれば、裁判所法で一般素人を裁判担当者と定めることは可能である。しかし、現実には、一般素人について最高裁判所が下級裁判所裁判官として適格であるとして名簿を作成し内閣にその中からの任命を求めることは不可能であろう。それ故、一般国民、素人が裁判に関与する裁判員制度のような制度は憲法の全く予定していないところと解さざるを得ない。

しかし、憲法八〇条一項の任命方法に従って、裁判の質を高め裁判に対する国民の信頼を向上させるために、裁判担当者として人権感覚に溢れた適切な人材を一般人から採用することは不可能なことではなく、むしろ望ましいことではないかと思われる。

そのために、法曹一元の採用、弁護士、大学教授、或いは専門性を有する民間研究機関などから裁判官として適格を有する者を高・地裁の非常勤裁判官として憲法八〇条一項に規定する任命方法に基づき任命し、適切と解される事件の裁判を担当させることなどは十分に考えられるであろう。その方向で、裁判所法を改正し実現を図ることは可能である。

憲法八〇条一項は、司法への国民参加を肯定或いは否定しているものではなく、下級裁判所裁判担当者の任命方法の基本を定め、その基本に則って立法機関が民主的正統性を保持しながら優れた人材を裁判担当者として選任する道を設けた規定である。この憲法の規定を正しく理解し、これまでのような裁判担当者の採用について、現裁判所法の定めるような官僚養成主義を基本とするものではなく、広く国民の中から裁判担当者としての資格と能力のある人材の確保を図る立法のなされることは望ましくまた期待されることである。

もとよりそのような政策の採用は、従来の裁判及び裁判担当者の概念を一八〇度転換するものであり、現在の最高裁判所を頂点とする司法官僚制度の下では実現が甚だ困難ではあろうと思われる。しかし困難ではあっても真に国民のための司法改革というのはそのような方向性を持ったものでなければならないと考える。

3　最高裁に対する疑念が消えない――裁判員制度に見るその政治性の故に

解釈改憲が罷り通る

解釈改憲という言葉が目につくことが多くなった。それは、憲法改正の手続きを経ずに従来の憲法解釈を変更して、従来は違憲と解されていたものを合憲と解して、事態に対処することを指す。現安倍晋三内閣が、これまで歴代内閣のとってきた集団的自衛権（国連憲章第五一条）の行使は憲法九条に違反するとの憲法解釈を変更し、それは憲法九条に違反しない旨閣議決定したことがその最たるものである。

最高裁の憲法解釈

最高裁は二〇〇〇年九月一二日の司法制度改革審議会第三〇回会議において、資料として「国民の司法参加に関する裁判所の意見」と題する文書を配布した。この文書中の参審制に関する部分について、最高裁総務局中山隆夫総務局長（当時）は、「例えばドイツのように裁判官三名に対し参審員二名の裁判体とし、対象事件は基本的に国民の関心が高く、社会的にも影響の大きい重大事件とし、参審員には一定の任期を設けるといった制度が考えられます。ただ、憲法上の問題を考慮すると、参審員は意見表明はできるけれども、評決権を持たないものとするのが無難ではないかと思われます。もとより陪審制と同様の検討課題もあり、参審員となる者の拘束期間や、参審員の選定方法、任期などについても幅広く検討する必要があります」と説明している。

さらに、同局長は、その陪審制と同様の検討課題として、世界の刑事陪審事件の約八割が行われていると言われるアメリカを例にあげ大要つぎのように述べている。「同じ国民の中から自分が裁く者を選んだ以上は、そこで出された結論は受け入れるという手続的自己責任の原理、あるいは手続に絶対的な価値を置く原理の下で成り立っている」「陪審制は各国の歴史に根差した制度であり、多くの社会的条件によって支えられている。第一は国民の負担、陪審員となる国民の理解と協力が得られなければこの制度は成り立たない」「集中審理を実現する弁護態勢の整備」「犯罪報道についての実効性のある規制の必要」ということである。なお、西野喜一新潟大学大学院教授（現同大学名誉教授）は、つとに陪審制の前提として「『正義が勝つのではなく勝った方が正義である』という認識ないし開き直りが必要となる」と指摘している（『司法過程と裁判批判論』悠々社、167ページ）。前記の中山説明は、その西野教授の説明をやや難解な用語を用いて説明しているものである。

その後の質疑応答において、のちに最高裁裁判官に就任し、いわゆる「ピース缶事件」、「求刑一・五倍事件」の判決に関与した最高裁白木勇刑事局長（当時）は、前記西野教授の論文等を引用し、陪審による冤罪、誤判率が高いことを述べ、また中山総務局長は、中坊公平委員の「今回、最高裁側は、つい数日前の新聞、九月一〇日付の朝日新聞を見ますと、参審制、しかも評決権を持たない参審制というものを最高裁の裁判官会議で決めたというふうなことが、なぜか一部の新聞の一面トップに取り上げられております。そこでお尋ねするんですが、まず、いつの最高裁の裁判官会議で、そして全員一致でお決めになったのかどうかそれをお答えいただきたいと思います」との質問に対し、「まず、裁判官会議の関係でございますが……本日お配りしたようなペーパーを配り、本日述べたような内容について最高裁として意見を申し上げるということにつきましては、裁判官会議で了承を得ております。……具体的な事件が係属していない段階で先取した形で合憲か違憲かといったようなことを論じること自体に問題があるのではないかという御意見も含め、積極、消極いろんな御意見がございました。しかしながら、憲法上、そういった疑義がある、それがまた、学説でもかなり有力であることを踏まえ、最高裁判所として提案するものとしては、評決権がないものにしたらどうかというところでは、大方の裁判官の一致を見たところでございます」と回答している。

ここでは国民参加型の裁判において参加した国民に評決権を与えることは違憲だ、と断じているわけではない。しかし、評決権を与えることは憲法上疑義があるという、憲法解釈を裁判体としてではないとはいえ国家権力の一翼を担う機関が公に示したものであることは否定し得ない。

国民参加型の裁判において、参加した国民に評決権を与える制度について、前記のとおり、それは違憲の疑いありと解していたことについて、違憲の疑いはない、合憲であると表明することは、集団的自衛権に関する行政機関トップの解釈変更とは内容もレベルも異なるものではあるけれども、同一国家機関における解釈の変更であれば解釈改憲に極めて類似した行為と見られるものであることは避けられまい。

周知のように、最高裁は二〇一一年一一月一六日大法廷において裁判員制度合憲判決を言い渡した（平成二二年（あ）第一一九六号覚せい剤取締法違反、関税法違反被告事件『刑集』六五巻八号1285ページ）。同判決に関して、私は既に三回に亘って批判意見を述べた（「最高裁の裁判員制度合憲判決を批判する」拙著『裁判員制度廃止論』130ページ、「裁判員辞退の自由を認めた最高裁」同著198ページ、本書第三章1参照）。また、西野喜一教授は「裁判員制度合憲判決にみる最高裁判所の思想と問題点」（『法政理論』第四四巻第二、三号）、「最高裁判所と裁判員制度——変節の悲劇」（同教授『さらば裁判員制度』ミネルヴァ書房、131ページ以下）で批判し、他に「最高裁は国民をナメているのか」（木村草太『憲法の創造力』NHK出版新書、84ページ以下）等の批判意見が明らかにされている。

ここではその大法廷判決の判断内容の問題性は置いて、その合憲判断と前記違憲疑義意見との余りに大きい落差、前掲西野教授のいわゆる変節と指摘される事態は何故に生じたのであろうかを考える。

最高裁の変節

最高裁は司法権力の最高の地位にあり、あらゆる法律争訟の最終の決定権者である。国民の代表である国会の定めた法律について具体的争訟においてそれが合憲か違憲かが争われた場合には、そのいずれかの判断を最終的になし得る権限と義務を付与されている（憲法八一条）。その判断は良心に従い、独立して行なわれなければならず、憲法及び法律にのみ拘束されるべきものである。また最高裁は、国民の多数者の意思と対立しても、少数者の基本的人権を擁護することを使命とする窮極の国家機関である。

その国家機関は、そもそも、国家の行政政策について提言をする、或いは立法作用に容喙するような中立公平性を疑われる行為をしてはならない。

司法制度改革審議会において、最高裁は、同委員会からの要請があったのかどうかは分からないけれども、前記の「意見」を委員に配布した。しかも、それは単に事務方の意見ではなく、裁判官会議で議論を経た上での「大方の裁判官の一致を見た」提案であったという。

最高裁判所が国家の政策について意見を述べたり提言したりすることが現にどの程度行われているのかは知らない。司法制度改革に関する審議となれば、司法の中枢を担う最高裁判所としては一言あって然るべきとの思いがあったのかもしれないが、国家の司法の在り方という政治問題を決めるのは国会であり、三権分立の一翼を担う、しかもその国会が成立させた法律について最終の違憲審査権を有し、それ故に政治権力からの高度の独立性が要求される司法機関である最高裁としては、その司法の在り方を審議する行政機関に対しては、司法に関する豊富な情報の保有者として、求められる資料を恣意的に選別することなく公平に提供することは必要であり、且つそれが司法制度改革の動きに対してとり得る限界であって、前記のような意見の表明はすべきではなかったかと私は考える。宮澤俊義教授は「裁判所以外において、最高裁判所に憲法の解釈について意見を吐かせる制度はおそらく……憲法の精神に適合するものではあるまい」と述べる（『コンメンタール日本国憲法』692ページ）趣旨からすれば、大いに問題のある行為であった。

下手に前記のような意見を、しかも裁判官会議でお墨付きを与えて委員に配布し、その説明まで事務方に委ねたがために、最高裁はこの高度に政治的な国民の司法参加という問題について抜き差しならない関係になってしまい、ひいてはその制度の広報宣伝義務を課され（裁判員法附則第二条）、制度推進の旗振り役を担わされてしまったと考えられる。

司法制度改革審議会に前記意見を提出したころ在任していた最高裁裁判官は、二〇一一年一一月大法廷判決時には全て退官し、その判決には関与していない。しかし、司法制度改革審議会での前記意見表明は、個々の裁判官の意見ではなく、その権限のあるなしに拘わらず、最高裁という国家機関の意見であれば、それは裁判体の意見に匹敵するものであり、その意見を無視した、そのような意見の表明がなかったかのような行為をするについては、議論された参加する国民に評決権を与えることの憲法上の疑義の具体的内容と、それがいかなる理由で解消し得たのかの説得力ある説明が必要であろう。変節が悪いのではない。その変節の説明責任を果たしたか否かが問題なのである。

司法制度改革審議会に前記のような意見を表明したのは間違いであったというのなら、それもまた一つの弁解にはなろう。しかし、最高裁はそのような弁解はしていない。西野教授は、二〇〇七年秋の段階での最高裁事務総長大谷剛彦氏はある雑誌でこの大方の意見の一致を見たという最高裁の意見は「考えられる一つの参加形態に過ぎなかった」と述べていることを紹介している（前掲『さらば裁判員制度』137ページ）。「参審制について憲法上の疑義を生じさせないためには評決権を持たない参審制という独自の制度が考えられよう」との提言は、最高裁の当時の裁判官が単なる思い付きで提言したものではなく、参加する国民に評決権を与えることについて、憲法解釈に関する議論を経た上での慎重且つ最適の案としての提言であった筈である。前述のとおり私はかかる政治的提言はなすべきではなかった、最高裁の越権行為だったと考えるものであるがそれはひとまず置く。それを「考えられる一つの参加形態」と言ってのける大谷総長の表現について、西野教授が「すさまじい話」「国民を蔑視していなければ言えないセリフ」と断定するのは尤もなことである。

最高裁の政治的越権行為

その後最高裁は、前記拙稿において批判したように、上告趣意とされていない事項についても、あたかも上告趣意とされたかのように判決文に記載して判断を示し、また、判決末尾には裁判員制度旗振り役の真骨頂的賛辞を展開するという恐るべき政治的行為をするに至った。その判例解説（西野吾一・矢野直邦『法曹時報』六六巻四号２２７ページ）では、「最高裁として裁判員制度の積極的意義、同制度への期待を述べたものと理解することができよう」と述べられている。解説者西野吾一氏は前最高裁調査官としてその判決の原案の起案に関与していたのではないかと思われるが、そのような最高裁の意見表明には何らの問題意識を持たなかったのであろうか。

以前にも述べたが、上記の上告趣意の捏造については西野教授も指摘しているが（前掲『さらば裁判員制度』１５９ページ以下）、私はこの問題は、単に最高裁が余計なことをしたなどという軽い問題ではなく、司法機関として絶対に許されない行為であり、国民はこれを徹底的に糾弾し、批判し続けなければならないと考えるものである。

最高裁の判断事項

最高裁はそれまで控訴審で主張判断されなかった事項が適法な上告理由となるかの問題については、それが訴訟手続に関する意見の主張である場合には不適法として棄却するのが最高裁の確立した判例であったとされる（『法曹時報』一七巻一号163ページ、海老原震一）。さらに、最高裁大法廷は、昭和三九年一一月一八日、「控訴審において主張判断のなかった実体刑罰法規に関する違憲の主張についても上告理由として不適法である」旨判決した（『刑集』一八巻九号597ページ）。

最高裁が前記二〇一一年一一月大法廷判決において、「多岐にわたる」裁判員法憲法違反の上告趣意として列記されたもののうちの「裁判員制度の下では裁判官は裁判員の判断に拘束されることになるから、同制度は裁判官の職権行使の独立を保障した憲法七六条三項に違反する」との主張、「裁判員制度は裁判員となる国民に憲法上の根拠のない負担を課するものであるから、意に反する苦役に服させることを禁じた憲法一八条後段に違反する」との主張については、仮に上告審弁護人が上告趣意としてこれらの主張を述べたとしても、原審判決においてはこれらの点について全く判断を示してはいなかったのであるから、従来の最高裁判決に従えば、到底適法な上告理由とはならず、判断を示すべきものではなかった。

ましてや同大法廷判決がなされた事件においては、上告審弁護人は上記二点の憲法違反の点は上告趣意としないことを明言していたのであるから、その点からしても最高裁としては判断してはいけない事項であったのに、それでも正に強引に、なりふり構わず勝手な意見を述べたということである。

最高裁の歪んだ動機

原審が判断していない憲法違反の主張について最高裁が何故に判断してはいけないか、それは三審制をとる我が国の裁判体系の下で上告審の役割が曖昧になり、且つ、判例として価値のない判断がさも判例としての価値があるものであるかのように誤解されるおそれを生じさせるなど裁判制度の根幹を崩すことになるからである。前記昭和三九年最高裁大法廷判決が述べる「元来上告は、控訴審の判決に対する上告である」との判示が正に示すところである。

前記二〇一一年大法廷判決は、上記のとおり、仮に上告趣意とされていても判断すべきではなかった事項について、しかも上告人が明確に上告趣意とはしないと明言していた事項について、敢えて上告趣意として構成し判断を示したことは、司法機関としての本来の責務を放擲し、国家政策への関与を明らかにし且つ同判決末尾に掲記の裁判員制度定着への並々ならぬ熱意を示すという歪んだ政治的動機があったからとしか考えられない。

最高裁がこれまでのほぼ確定したと言える判例を無視し、上告趣意を捏造してまで、なぜ裁判員制度の骨格について合憲判断を示したのかの真意は分からない。刑事系裁判官の逆襲があったとの説もあるけれども（瀬木比呂志『絶望の裁判所』講談社現代新書、72ページ）、私にはその真偽は論評出来ない。しかし、真相はどこにあれ、最高裁は禁じられている行為を、しかも一人の少数意見もなく行ったのである。

このことは、司法権を裁判所に委ねた国民としては絶対に承服できないことである。この点を指摘しているのは前掲西野教授だけであり、他の判例解説、判例批評では見ることができなかった（前掲西野吾一・矢野直邦「最高裁判例解説」、西野吾一「最高裁時の判例」『ジュリスト』一四四二号83ページ、土井真一「裁判員制度の合憲性」『憲法判例百選Ⅱ』第六版３８６ページ、笹田栄司「裁判員制度の合憲性」『ジュリスト』一四五三号など）。これらの判例解説や批評は刑事判例集添付の原判決、上告趣意書に対する検察官の答弁書、さらに上告審弁護人の上告趣意書には目を通さなかったのであろうか。最高裁がその判断において見せた前記の手法について、論者はどのように考えているのかを是非ご教示願いたいと思っている。

おわりに

本稿で述べたことは、裁判員制度という司法の根幹に関わる制度の成立後、少なくともその制度に関して最高裁はその国策への協力の立場を堅持し続けている状況において、最高裁が真に国民の人権の最後の砦としての信頼性を有する存在か否かを国民に判ってもらいたいとの思いがあるからである。

実質的改憲の安保関連法が成立した。国民の間では裁判所にその違憲性を訴える動きもあるようだが、正直私は、それは危険な行為ではないかと思う。前記のとおりの最高裁に、集団的自衛権行使を認める法律を違憲だと判断する気骨のある裁判官は何人いるであろうかと、上記の裁判員制度合憲大法廷判決を知る者としては首をかしげざるを得ない。下手に訴えて、あっさりと合憲の判断が示されたら、元も子もなくなる危険性がある。

　この問題は、本来は国民の主権者としての政治的意識の向上と政治運動とによって克服する以外にはないと思っている。

4 「司法行政事務」処理と不公平な裁判をするおそれ
――最高裁大法廷平成二三年五月三一日決定に関連して

竹﨑最高裁長官就任と裁判員制度

第一七代最高裁判所長官竹﨑博允氏（以下「竹﨑長官」という）は二〇一四年三月三一日、任期三か月余を残して退官し、寺田逸郎氏に後事を託した。竹﨑長官は二〇〇八年一一月、キャリア裁判官としては初めて、最高裁判所判事に在職することなく東京高等裁判所長官から一足飛びに最高裁長官に就任した特異な経歴の人である。

このような珍しい人事が行われたのは、二〇〇四年五月二八日に公布された裁判員の参加する刑事裁判に関する法律、いわゆる裁判員法の全面施行を目前にして、竹﨑長官についてその司法行政に関する実績から政府が裁判員制度の運営に最適任だと考えたからであろうことは、その特異な人事形態自体や就任当時のマスコミの報道等から間違いのないことであろう。いわば竹﨑長官は裁判員制度の申し子として就任したわけである。

最高裁の裁判員制度に臨む態度の変遷について

かつて最高裁は、司法制度改革審議会の場で、裁判に参加する一般国民が評決権を有する裁判は違憲の疑いがあるということは大方の裁判官の一致した意見である旨報告していたことは今やよく知られていることである。

しかし、裁判員法成立後は、同法付則二条一項において政府及び最高裁に法律の施行までの期間において制度について国民の理解と関心を深めるとともに、国民の自覚に基づく主体的な刑事裁判への参加が行われるようにするための措置を講ずべきこととされたこともあったのであろう、最高裁は一転してこの制度の推進に舵を切った。

裁判員制度批判の声の中での最高裁の宣伝・広報活動

裁判員制度についてはつとに「違憲のデパート」と称されるほど数多くの憲法上の問題の存在が指摘され、また国民の参加意欲も低く、二〇〇九年五月の施行間近にして国会議員の中に裁判員制度を問い直す議員連盟が結成されるなど一つの政治問題にもなっていた。

そのような状況の下で、最高裁は単独で、或いは法務省、日弁連と共に、その宣伝広報に努めた。私はその最高裁の行為について、以前「裁判員制度にかかる最高裁判所の広報活動について」と題して批判意見を述べたことがある（『週刊法律新聞』一七三四号、拙著『裁判員制度廃止論』所収）。私はそこで「私たち国民が最高裁を頂点とする司法機関に望む最大のものは、行政・立法機関とは常に距離を置き、常に批判的立場に立って国民の権利を守ることに徹することである」と記した。もとより、その考えは今も変わらない。

最高裁第二小法廷裁判官に対する忌避申立て

最高裁大法廷は二〇一一年一一月一六日、裁判員制度合憲判決を言い渡した。同事件小清水弁護人は上告趣意書提出後、当時同事件を担当した第二小法廷の裁判官について「氏名を特定することはできないが、仮に本件の審判を担当する裁判官の中に裁判員法の立案、策定、立法事務に参画ないし関与した者がいるのであれば、その裁判官全員を忌避する。本件の最大の争点は裁判員法の合憲性であるところ、裁判員法の立案等に関与するなどした者であれば、合憲という結論を出すことが当然必定であるから、刑訴法二一条一項後段の『不公平な裁判をする虞があるとき』に該当する」として裁判官不特定のまま忌避申立てをした。

この申立てを受けた最高裁第三小法廷は二〇一一年四月一二日、「どの裁判官がいかなる理由によって忌避の対象となるのか具体的に示されていない」との理由でその申立てを却下した（『法曹時報』六五巻三号779ページ）。

竹﨑長官に対する忌避申立て

第二小法廷はその後、その被告事件を大法廷に回付し、それによって竹﨑長官がその事件の裁判長を務めることになった。同弁護人は大法廷回付直後、対象を竹﨑長官一人に絞って再度忌避の申立てをした。標題の決定はその忌避申立事件に関するものである。

忌避申立ての理由は、結論として「竹﨑長官は紛れもなく、裁判員裁判の敬虔な支持者であり信奉者である。同長官は『裁判員裁判は合憲である』との意見を出すだけであり、刑事訴訟法二一条一項の『不公平な裁判をする虞』にぴたりと該当する」というものである。

これに対し大法廷（竹﨑長官を除く一四名の裁判官）は、「最高裁判所長官は、最高裁判所において事件を審理裁判する職責に加えて、（パンフレット等の配布、憲法記念日における発言等の）司法行政事務の職責をも併せ有している（裁判所法一二条一項参照）ものであり、上記のような司法行政事務への関与は、具体的事件との関係で裁判員制度の憲法上の適否についての法的見解を示したものでもないから『不公平な裁判をする虞』には該当しない」旨判示した（平成二三年（す）第二二〇号・最高裁刑集六五巻四号373ページ）。

忌避申立却下決定への違和感

この一連の裁判官忌避の流れと忌避申立て却下決定については、これまでの司法界の感覚としては或いは左程違和感なく受け止められてきたのではないかと思われる。この最高裁大法廷決定の判例解説（前記『法曹時報』）は、最高裁長官の司法行政事務と忌避事由との関係として先例の判断手法を踏襲した決定と評している。

しかし、私はこの決定に接して、果たして先例の判断手法に従ったものと簡単に割り切れるものなのか、「不公平な裁判をする虞」とは一体いかなることを言うのかを考えたとき、この決定の判断には強い違和感を持ったので、その点について以下に述べてみたい。

裁判機関と司法行政機関の二面性——最高裁は器用な官署か

私はかつて「法令審査権を有する最高裁と裁判員制度の宣伝広報をする最高裁とは同一ではあるが、最高裁というところは二つの顔を何ら違和感なく使い分けることのできる器用な官署であるとでもいうのであろうか。国民はその使い分けをそうたやすく信ずることはできないのではないか。裁判員制度の宣伝広報に巨億の税金を注ぎ込み、庁舎を整備し、法施行後に裁判員に旅費日当を支払ってなされた刑事判決の上告審において、最高裁は裁判員に評決権を与えた一審判決は憲法に違反するから無効であると判断することが果たしてできるであろうか」と述べた（前掲拙著36ページ）。

立法権、行政権から独立した存在としての司法権を担う最高裁が、裁判員制度という戦後最大の司法制度の変革を前にして、それとどのように向き合うべきかについてはいくつかの選択肢があり得たであろう。

前述のように、裁判員法付則二条一項に規定された、制度について国民の理解を深めるための対応、国民の自覚に基づく主体的な刑事裁判としての参加が行われるようにするための措置という表現は極めて抽象的、大雑把なものであり、具体的な対応・措置については広範な政策的判断が要求されたであろうと思われる。

最高裁は、最終的に違憲法令審査権を有し、早くからその違憲性が指摘されていた裁判員法についての国民の理解の得方、主体的参加の得られ方については、司法権を担うものとして公平中立性の保持義務による制約は当然に神経質過ぎるほど考慮さるべきことであって、行政府たる政府の方策とは異なるべきものであり、常にその点の慎重な配慮は欠かせなかった筈である。

そのうち最も重要なことは、具体的事件において違憲法令審査権を行使するまでの間はその制度の評価に関わる表現は避けることが第一であった。特に前記の付則で規定していることも、「この法律の施行までの期間において」と期限が付されている（施行後発刊された六法全書にはこの条文は省略されているものが多い）。施行後はその規定にある諸措置の義務は消滅する。粛々と裁判員法の規定に従って第一審裁判員裁判の手続の実施に支障をきたさない施策をとることに徹することが司法府としての務めであったと考える。

自制力を失った最高裁

しかし、最高裁はそのような司法府としての自制的行為はとらず、それ以後、今なお、ホームページ等で裁判員制度について肯定的文言、シンボルマーク、映像の使用を続けている。私の住む仙台では裁判所構内に今なお「裁判員、ともに」という市民への呼びかけの看板が立っている。

これまでの間において竹﨑長官は、前記弁護人が指摘したように、裁判員制度について、礼賛とまでは言えないかも知れないけれどもこれを積極的に評価し、「改善を重ねて理想的な姿に近づけていくという地道な作業が必要」などと発言（『週刊法律新聞』二〇一〇年一月一日号）しているものであり、前述の最高裁長官就任の経緯から明らかなように裁判員制度の申し子のような形で就任したものであることからすれば、前記弁護人が述べたとおり裁判員裁判の支持者であったことは間違いない。因みに、この長官の発言は先の大法廷合憲判決の蛇足意見と同趣旨である。

「司法行政事務」の担当と裁判への関与

前記決定の理由中に、これら竹﨑長官の言動は「最高裁判所の司法行政事務を総括する立場において、司法行政事務として関与したもの」との表現がある。

しかし、司法は、民事・刑事・行政を問わず、過去に生じた事件について、その事実関係を認定し、法令を適用することが本来の使命である。規則制定も司法行政事務も、その司法権の円滑、適正な行為に必要な範囲で行使されるべきものである。

「司法行政とは、司法裁判権の行使、裁判制度の運営を適正かつ円滑に行わせるとともに、裁判官その他裁判所に属する職責を監督する行政作用をいう。司法行政は、一般の行政作用と異なり、裁判所がその本来の使命たる司法裁判権行使の目的を達成するために必要な人的、物的の機構を供給維持し、事務の合理的、効率的な運用をはかる等、いわゆるハウスキーピング的な事務を主たる内容としているが、司法裁判権の行使と密接な関連を有し、実際上これに影響を与える可能性をはらんでいる点に特質を有するものということができよう。そこで、司法権の独立をできるかぎり確実なゆらぐことのないものとする目的から、司法行政権は、司法裁判権行使の機関たる裁判所そのものの権限とされたものである」（最高裁事務総局編『裁判所法逐条解説（法曹会）上巻』１０１ページ）。

つまり、司法行政は、他の行政機関に任せたのでは司法権の独立に支障をきたす可能性のある、あくまでも裁判所内部に関する行政事務をいう。

宣伝・広報の推進は本来司法行政事務外のこと

裁判員制度の宣伝広報は本来の司法行政事務ではない。裁判員法付則二条一項に規定された行為は、最高裁に課された期限付の特殊な事務であって、それ自体立法内容として憲法上疑義のあるものである（前掲拙著37ページ）。

最高裁が裁判員制度のＰＲに使うシンボルマークの意味は「無限大」を示す符号をベースにした裁判官と裁判員との協働行為の無限の可能性を示すものだという。

ホームページを開けば、裁判員経験者による裁判員裁判が良い経験であったとの報告の連続、裁判員を経験して不愉快な思いをしたとか具合が悪くなったとかいう場面は少しも出てこない。裁判員制度を推奨する事実を伝えるものだけのまさに宣伝行為である。「個人の感想です」と断り書きを入れながら、効用のみを説くサプリメントのＣＭみたいなものである。

最高裁は上述のとおり制度施行後もその広報宣伝を止めない。裁判員経験者による「良い経験」との言葉を並べて、制度は順調或いは概ね順調に運営されているという。本来の司法行政事務から踏み出した裁判員制度推進活動は、最高裁判所全体及びその長たる竹﨑長官のとってきた行為である。

事件外の裁判官の言動と不公平な裁判のおそれ

裁判官は事件を離れてどこまで自己の主張、意見、学説を公表し、政治的行為をすることが可能か、具体的事件を離れてなしたそれらの言動が、具体的事件担当時における不公平な裁判をするおそれと結びつくかは、本来本問題の解を探る上では検討を避けることはできないかも知れない。

しかし、本件のように、裁判員制度という、これまでの職業裁判官による裁判制度とは明らかに異なる制度という、前述の違憲性について強く問題視され、施行前には政治問題化した制度について、最終的にはその違憲性の審査に関わることになる裁判官が、その制度の宣伝、広報に関わり且つその永続的な運用を正当な方向であると公表しているような場合に、その裁判官はその違憲性の審査に関与することは、小清水弁護人のいわゆる「合憲という結論を出すことは必定」と考えるのは万人に共通することではあるまいか。

裁判員制度のPRをし、その実施のためにひた走ってきた最高裁判所としては、それが裁判員法一二条によって裁判官会議の議によって行われたものであれば、その会議で裁判員制度のPRを許可し、竹﨑長官の発言に異を唱えることをしなかった裁判官たちが加わる司法判断において、裁判員制度違憲の結論に辿りつくなどということは一〇〇％期待しえないものであった。つまり審理以前に結論が出ている状況であったと言えるのである。

最高裁の言動は政治的行為である

裁判員制度の制定行為が極めて政治的行為であることは明らかである。出来上がった司法制度の法律に則った運営をするのではなく、その制度について裁判官の地位にありながらその存在の効用を説き、発展を期待すること、制度運用について順調或いは概ね順調などという制度の継続の容認を前提とする発言をすることは、司法行政の枠を超えた政治的発言であり、かかる発言を繰り返すものには、違憲の理論に耳を傾け、その理論の説得力に敬意を払うような事態はありえないことであり、本来であれば自ら回避するか、さもなければ公正な裁判を期待し得ないものとしてなされた忌避の申立ては認められるべきであった。

新潟大学大学院西野喜一教授は「裁判員制度合憲判決にみる最高裁判所の思想とその問題点」（『法政理論』四四巻二・三号）において「制度を大々的に推進してきた機関がその合憲性を判定するというのはもはや八百長の世界である」と断じている（81ページ）のは、一般の国民の評価を代弁したものと言える。

「司法行政」事務と裁判事務の峻別の可否

「司法行政事務と裁判事務は異なる。司法行政事務は、それを担当する立場にあるものはその個人の思想、信条、良心を超えて職務に忠実であらねばならない。しかし、裁判事務は、「その良心に従い独立してその職権を行い、この憲法及び法律にのみ拘束される」（憲法七六条三項）ことになるのであるから、同じ問題について正反対の対応をすることはあり得ることである。

裁判官というものは、司法行政事務として裁判員制度の推進役を担ったとしても、その制度の違憲性の審査については全く白紙で判断に臨み得るのだから、司法行政事務としての言動は、具体的事件の判断について不公平な裁判をする虞があるとは言えない。本件大法廷決定の立場は以上に述べたようなものであろう。裁判官というものは、公平性を保つうえで自己を律するに超人的パワーを発揮し得る存在であることを前提にしている。

刑事訴訟法二〇条の除斥の規定の趣旨は何であるか。裁判官の当該事件との関連性、事件関係者との関係性によって職務の執行から当然に排除されるということである。しかし、裁判官という存在は、その公平性を保つことについては通常の人間にはなし得ない、スーパーパワー的自律力を有する、それが裁判官である、ということになると、除斥ということは、俗にいう「公平らしさ」の担保ということになる。

裁判官はいかなる場合においても本来は公平に裁判をする力はあるけれども、世間一般の常識からすれば、前述の刑訴法二〇条の規定にある事件や事件関係人との関係にあるときには公平らしさが疑われるから、いわば李下に冠を正さずの立場から、その職務から離れた方が良いという判断に基づくものと解し得るであろう。

宣伝広報活動と除斥忌避制度との関わり

そうであれば、裁判員制度について宣伝広報活動をし、或いはその制度の存在意義を強調し、その制度の発展を肯定的に捉える発言をし続けた裁判官は、少なくともその制度と強固な結びつきがある、言い換えれば、裁判員制度と直近の親族関係にあるようなものであり、違憲審査においては誰が考えても違憲判断をするなどということは信じられない、つまり明らかに公平らしさが疑われる状況であることからすれば、その全員が忌避の対象とされるべきは当然である。前記大法廷判決時点において、最高裁裁判官には違憲審査を公正になしえる資格のある裁判官は一人もいなかったのではないかとの疑いさえ持つ。

今回の大法廷忌避申立て却下決定と国民の常識との間には余りにも大きなギャップがある。私は、裁判員制度の施行は刑事裁判の本質を崩壊させたと考えているものであるが、それ以上に司法そのものを変質させ、司法権の独立を損ない、司法が常に公正中立機関として独立して職権を行うものであるという、これまで抱いていた司法に対する信頼のイメージを根底から覆したという印象を持っている。

大法廷裁判員制度合憲判決がつけた司法府信頼への疑問符

前述の大法廷裁判員制度合憲判決の憲法一八条に関する判断に関連して、憲法学者の木村草太氏は、「一五名の最高裁の裁判官全員が平成二三年判決の論証を一致して支持する事態は、日本の司法への信頼に疑問符をつけるに十分な事態である。そうした司法機関は、国民によって監視されねばならない。平成二三年判決は、非常に逆説的な形で、あるいは皮肉な形で、裁判員制度の必要性を示している」と述べている（『憲法の創造力』NHK出版新書、113ページ）。司法府への信頼に疑問符というのは単に憲法一八条関係の判断（それが最高裁として判断することの許されないものであったことは第三章1参照）に関してのみ言えることではなく、裁判員制度に臨む最高裁の在り方そのものについて言えることである。

おわりに

二〇一三年四月、砂川事件に関係して、事件当時の田中耕太郎最高裁長官が一九五九年夏に面会したレンハート駐日米公使に対し「（最高裁）の評議では実質的な全員一致を生み出し、世論を揺さぶりかねない少数意見を回避するやり方で評議が進むことを願っている」と語っていたことが、機密指定を解除された米国公文書館に保管されている米公文書で分かったと、新聞などで大きく報じられた。結果的に跳躍上告された伊達判決は、裁判官全員一致で破棄差戻しされた。

先ごろ刊行された『絶望の裁判所』（瀬木比呂志著、講談社現代新書）は、「裁判員制度違憲を訴える訴訟に関する評議についても『全員一致の合憲判決を生み出し、世論を揺さぶる元となる少数意見を回避するやり方で評議が運ばれることを願った』人物ないし人々はいるのだろうか？」と記し（82ページ）、竹崎長官時代の学者枠最高裁判事人選にまつわるエピソードを紹介している。

「違憲のデパート」とまで言われ、前述のとおり一時は最高裁においても違憲の疑いありと考えられていた国民参加型裁判制度である裁判員制度について、憲法判断が求められた大法廷が、裁判員制度について全員一致で合憲判決を下したことは、前述の砂川事件の上告審判決の場合と二重写しになる。

少なくとも現段階で、裁判員制度に関する限りは司法の最高府を司法府とは信じ難い状況にあることは、日本国民全体にとって悲劇的、且つ恐ろしいことである。

第四章　裁判員制度と検察審査会制度をどうする

1　裁判員法改正法案について

はじめに

政府は、二〇一四年一〇月二四日第一八七臨時国会に、裁判員の参加する刑事裁判に関する法律、いわゆる裁判員法（以下単に「裁判員法」という）の一部改正法案を提出した。同法案は、同年一一月二一日の衆議院の解散により審議未了廃案となったけれども、二〇一五年一月二六日召集の通常国会には、先の法案と同内容のまま改正法案が再提出されるであろうことは間違いがない。

先の臨時国会に政府が提出した裁判員法改正法案の骨子は、①審判に著しい長期間を要する事件等を裁判員の参加する合議体で取り扱うべき事件から除外することを可能とする、②非常災害時に一部裁判員候補者に対し呼出しをしない措置をとることができるようにする、③特定の事件について被害者特定事項の告知の禁止等を可能にすることを内容とするものである。

要するに、制度の骨格には関わらない、事案としてはめったに起きるものではなく、運用によっても対応が可能と思われる、いわば当たり障りのない事項のみを挿入しようとするものである。

この改正法案は、法務省の「裁判員制度に関する検討会」第一八回会議（二〇一三年六月二一日）において確認された「とりまとめ報告書」を受けて纏められたものであり、法案の提案理由には「裁判員法施行の状況に鑑み審判に著しい長期間を要する事件等を裁判員の参加する合議体で取り扱うべき事件から除外することを可能とする制度を導入するほか、裁判員等選任手続において犯罪被害者の氏名等の情報を保護するための規定を整備する等の必要がある」と記されている。そこには、裁判員法附則九条に基づく所要の措置の一環であるとは明記されていない。

本稿では、その法案の内容の検討よりは、この裁判員法の見直しの機会に、その改正法案を審議する国会議員全員に、裁判員制度に関して、国民の代表として、単にこの改正法案の検討をするだけで事足れりとして良いのか、国民の代表としての責めを果たすためにはいかなる態度で臨むべきかについての一つの参考意見、というより要望を述べようとするものである。

裁判員法の審議について

現行の裁判員法は、二〇〇四年三月二日国会に提出され、同年三月一六日の衆議院本会議で趣旨説明が行われたのち、四月六日から同月二〇日までの間同院法務委員会で八回の審議が行われ、四月二一日採決され、四月二三日の同院本会議で全会一致で可決された。その後、同年四月二八日参議院本会議で趣旨説明が行われ、五月一三日から同月二〇日までの間のうち四日間の審議を経て採決が行われ、五月二一日の同院本会議で賛成一八〇、反対二で可決されて成立し、五月二八日公布された。

裁判員制度の制定は、戦後最大の刑事司法改革であることは間違いがない。しかもその内容は、一般国民に対し刑事裁判への参加を罰則をもって強制することを内容とする、国民の人権に極めて重大な影響を及ぼす内容のものでありながら、法案として国会に提出されてから成立するまで僅か二か月と二〇日弱（実質審議が行われたのは両院合わせて僅か一二日である）という短期間であった。

国会における重要法案の審議は、原則として両院とも本会議での趣旨説明のあと、関連委員会の審査に委ねられ、その委員会で採決が行われた後、本会議で委員長が委員会報告をして採決が行われる仕組みがとられているようである（大山礼子『日本の国会』岩波新書、68ページ以下）。

国会が取り扱う法案は多岐・多数に上り、全ての国会議員がその法案の全てについて正しく判断し得るまでに理解を深め、問題点について結論を出すのは現実的には至難の技であろう。また、議員はその多くが政党・会派に所属しており、その政党・会派においては各法律案について検討し、問題点を把握し結論を出す場合が多いであろうから、そのような党内、会派内において、法律案について理解を深めることは可能かも知れないが、それでも議員の専門か否かによって理解の程度が異なることはあり得るし、それもまたやむを得ないことではあろう。

しかし、そのように国会議員に同情的に言えるのはごく限られた場合であり、一般的には全ての法律案は国民の生活に直結するものが多く、現実にどこまで理解し得るかは別として、国会議員の職責としては全法律案について最大限理解を深めるべき義務がある。

国権の最高機関の一員となる者は、職責上そのような能力と意欲を持った者であるべきであり、「私にはそれは無理です」では通用しない。また、党内会派内で議論が深められることがあったとしても、それは国民にとっては全く密室の中の議論であり、各国会議員がその法律案についていかなる問題意識を持ち、いかなる議論をしたのかは国民には分からず、国民がその問題点の真の姿を把握する機会はない。

裁判員制度は、戦後最大の刑事司法改革と言えるものであることは前述した。その制度は、原則「国民皆兵」ならぬ「国民皆裁判員」を謳うものであり、それが国民の基本的人権に直結するものであることは、その法律案を一読すれば誰にでも分かることである。つまり、国会議員を選んだ選挙母体一人一人に関係があることは一目瞭然であるばかりではなく、全議員は、議員を辞すれば、原則自らも裁判員となる義務を負うことになる内容のものであるから、少なくともこの法案については自分の肩にも諸にかかってくることと重く受け止め、深く思考し、他と議論し、調査費を使ってでも専門家の意見を徴するなどの努力をするべきであった。

しかし、裁判員法は、前述のとおり両院併せて実質一二日間の委員会審査が行われ、衆議院では全会一致、参議院では二人の反対者はいたが、圧倒的多数の賛成で成立してしまった。

因みに、陪審裁判の母国イギリスにおける或る立法のエピソードを記そう。

同国では一九八三年にロスキル委員会が設置され、同委員会は、それまで陪審審理の対象とされていた複雑な詐欺事件についてはこれを陪審対象事件から外して裁判官一名と非法律家二名からなる特別法廷の新設を勧告した。一九八七年、その勧告は直ちには採用されず要検討とされた。一方、一九九八年二月内務省は重大刑事事件の陪審審理廃止を視野に入れた意見を公表した。それればかりではなく、内務省は選択的審理方式犯罪（治安判事が訴追側及び被告人側の見解を聴取した後、正式起訴犯罪とするか略式起訴犯罪として審理するかを決定し得る犯罪）について被告人の選択権廃止（陪審裁判を受ける権利を制限すること）を定める法案を議会に提出した。この法案は多くの批判を浴びて廃案となったが、その後紆余曲折を経て二〇〇三年一一月二〇日刑事司法法案として形を変えて成立した。

その刑事司法法案の主たる内容は、前述の詐欺事件を含む重大事件を、陪審を要しない事件と定めるものである。その件について庶民院の常任委員会は三二回に亘って審議している。被告人の陪審裁判を受ける権利が強固な国とはいえ、その権利を制限するために、実に二〇年越しの議論を重ね、最終の審査の段階でも三二回もの審議を重ねている事実は、我が国の戦後最大の刑事司法改革である裁判員法案の審議の有り方と比較すると極端なまでの差を見せつけられているように思う（棒剛「イギリスにおける陪審制批判の系譜」『刑事司法への市民参加』現代人文社、

149ページ以下)。それは、民主政治の成熟度の差の表れとでも言えようか。ここで言いたいことは、その刑事司法法案の内容(我が国の選択権の議論とは真逆)の是非ではなく、従来の原則的裁判形式を変更しようとする場合に、立法者はいかに膨大な時間とエネルギーを傾注するものかということであり、我が国の国会審議の有り方は、それに比すれば余りにお粗末過ぎはしなかったかということである。

改正法案提案理由の疑問

前述のとおり、この改正法案の提案理由には、裁判員法附則九条の規定に基づいて、政府が「この法律の施行の状況について検討を加え、必要があると認めるときは、その結果に基づいて(裁判員制度が)我が国の司法制度の基盤としての役割を十全に果たすことができるよう、所要の措置を講ずるものとする」と規定していることに鑑み、その制度の検討結果に基づいて提案する旨の文言はない。

穿ち過ぎなのかも知れないけれども、私はここに提案者の巧妙な作為が感じられる。

今回の提案理由は、一般の改正法案同様に、裁判員法案の運用上、このような改正が必要だからその案に不都合があるか否かのみを審議して欲しいと言っているように見える。その附則九条が「我が国の司法制度の基盤としての役割を十全に果たすことができるよう」と定めているからと言って、どう改めても十全な役割を果たしえないときには、改正しなくても良いなどと解するものではあるまい。もし、検討の結果、どう改正しても十全の役割を果たし得ないとの結論に至った場合にはその廃止を提案すべきが政府の務めであろう。

しかし、この改正法案が国会に提出されるに至ったのは、提案理由にどのように記載されているかにかかわらず、裁判員法附則九条に基づく施行三年経過後の政府の検討義務の結果であることには違いはないから、国会は、単に政府が国会に提出した法案の当不当を審議するだけではその職責を果たしたことにはならない。国会は、その提案理由には表れていない、政府の検討の内容を糺し、そこに制度検討としての落ち度や問題がないかについて徹底的に審議をし、政府に対する国会の監視機能を十全に果たすことが求められるというべきである。決して政府の巧妙な提案理由に惑わされてはならない。

重複するが、今回明らかにされた提案理由が政府の提示したものであるのと、裁判員法附則九条に定める政府の制度検討義務の結果としての提案であるということとは、国会審議上大きな違いがある。政府の制度検討義務の結果としての提案であれば、その検討の対象事項、検討の資料、検討の方法（単なる検討会内だけのものか、広く国民各層の意見を徴したかなど）も国会審議の対象となり、その上で、政府提出の改正法案がベストのものか、追加の変更を要するかの検討に入ることになる。

裁判員制度の根本に立ち返っての検討作業

ところで、裁判員法の全面施行は公布の日から五年を超えない範囲内において政令で定める日からと定められていたところ、その施行日直前になって、その成立に賛成した超党派の議員らが「裁判員制度を問い直す議員連盟」を発足させ、その施行延期を求める運動を行った。その運動は、二〇〇九年七月二一日の衆議院解散により実施された総選挙でその運動の中心となっていた議員が落選したことなどにより消滅した。

しかし、それによってその制度が抱えていた問題が消滅したわけではない。この制度は、司法制度改革審議会の最終意見書Ⅳ、第1で「司法への国民の主体的参加を得て、司法の国民的基盤をより強固なものとして確立するため」の一方策として提言されたものである。

国民参加の主体性の検討

この制度の根幹は国民の主体的参加にあり、その制度を維持しようとするならば国民の主体的参加は必須であり、法律もそれを踏まえて附則二条で「裁判員の参加する刑事裁判の制度が司法への参加についての国民の自覚とこれに基づく協力の下で初めて我が国の司法制度の基盤としての役割を十分に果たすことができることにかんがみこの法律の施行までの期間において……国民の自覚に基づく主体的な刑事裁判への参加が行われるようにするための措置を講じなければならない」と政府、最高裁に求めていたのである。

国民の自覚に基づく主体的参加があって初めて司法制度の基盤としての役割を十分に果たすと法律自体が認識していたということである。

「主体的」とは「ある活動や思考などをなす時、その主体となって働きかけること。他のものによって導かれるのではなく、自己の純粋な立場において行うさま。能動的」という意味を持つ日本語である（『広辞苑』）。

裁判員法自体が「主体的」な刑事裁判への参加を謳い、そのために施行までに五年の歳月を置いて政府、最高裁に対しその広報に務めさせたのは、国民の裁判参加について、それが主体的参加となるように理解を得るためであることは、その附則第二条の明記するところである。

ところで、裁判員法では、国民の裁判参加は国民の義務であり、その義務も道義的義務ではなく罰則を伴う法的義務として定められている。最高裁大法廷二〇一一年一一月一六日判決は、この国民の参加について、強制とか義務という用語は一切使わず、「参政権同様の権限を国民に付与するもの」と判示している。

しかし、それが詭弁であることは、裁判員法一一〇条は虚偽記載について刑事罰を定め、一一一条、一一二条は不出頭等について過料の制裁を規定していることからして明らかである。

つまり、裁判員法は、当初から二律背反を明記した法律であり、最高裁はそれを知りつつそれが表に出ないようにするために、あくまでも国民の主体的参加であることを否定しないように、参政権同様の権限論を展開せざるを得なかったのである。

国民に対し、裁判員となることを罰則付きで強制することは、附則二条に定める「国民の自覚に基づく主体的参加」とは絶対に整合し得ないから、国民の主体的参加が裁判員制度存立の基盤であるならば、というより、司法審意見書も「国民の主体的参加を得て」初めて成り立つ裁判員制度を提案している以上、罰則付参加強制を定めることは、その法律の趣旨の否定であることを立法者は容易に気付くことができ、また気付くべきであったのである。仮に、参加を罰則付きで強制しなければ制度として存立し得ないというのであれば、かかる制度は内在的、致命的欠陥を有するものとして存在の許されないものである。

二〇一四年九月三〇日福島地方裁判所は、裁判員の職務を経験したことによって急性ストレス障害になった女性からの国家賠償請求訴訟において、制度の憲法違反との主張を排斥し、原告の請求を棄却した。その判断の到底容認し得ないものであることは別として、同判決は、その女性の急性ストレス障害が裁判員を経験したことによって発症したものであることは認めた。同女は、当初、勤務先の上司に過料一〇万円を支払ってほしいと願い出たが断られ、やむなく裁判所に出頭し、上記の障害を受けるに至った。制度としては主体的参加を謳いながら、国は現実には罰則をちらつかせ裁判員となることを強制した結果、国民に危害を加えることになってしまったのである。

今回の改正案では、この強制規定には一切触れていない。強制規定は、前述の本来の制度の趣旨からすれば有り得べからざるもの、制度自体に残してはおけない矛盾の産物であり、単に人集めの手段としてのみ規定されたものであるから、今回の見直しに当っては真っ先に削除が提案されるべきであり、国会審議に当っては、議員はかかる修正案を提案して審議すべきであろう。

被告人の制度選択権の付与の必要

前述のように、施行を目前にして「裁判員制度を問い直す議員連盟」が発足していたように、この強制規定の点だけではなく、国会は裁判員法全体について基本的に検討し直すことが必要である。その一つとして、憲法三二条により「裁判所において裁判を受ける権利を有する」被告人に対し、裁判官裁判という、これまで同じ立場の被告人が受けることが当然とされてきた裁判形式を排して裁判員裁判という形式の裁判のみを受けることを義務付けることの正当性について、我が国の裁判制度の根本に立ち返って検討することは国会の責務であると考える。

前記最高裁大法廷判決は、憲法は司法への国民参加を許容している、明治憲法二四条に「日本臣民ハ法律ニ定メタル裁判官ノ裁判ヲ受クルノ権ヲ奪ハルヽコトナシ」と規定しているところ、日本国憲法三二条には「何人も裁判所において裁判を受ける権利を奪はれない」と規定してあり、「裁判官」による裁判とは規定していないから、裁判員裁判を受ける権利を保障すれば憲法上裁判を受ける権利の侵害にはならないと説くものもおり（土井真一「日本国憲法と国民の司法参加」岩波講座『憲法　4』、235ページ）、前記大法廷判決もその論を採用している。

しかし、憲法八〇条一項に定める「裁判官」は裁判所法に裁判官と規定されたものだけではなく、下級裁判所において裁判を担当する者の総称であって、国民の代表者としての実質的資格を有し、司法権力を行使するものとしてその良心に従い独立して職権を行い得る者、任命形式も憲法の規定に従うものであって、民主的正統性を有するものでなければならない。司法審竹下会長代理も、司法の民主的正統性は「議員内閣制を前提としてこの議員内閣制の下にある内閣の任命またはその前提として最高裁判所の指名というものを予定するところに、司法という、立法、行政と異なる統治作用の民主的正統性のぎりぎりの根拠を求めている」と説いている（司法審第三二回、二〇〇〇年九月二六日）。

二〇〇四年の裁判員法の国会審議において、かかる根本的問題点について議論がなされた形跡はない。その議論は司法の民主的正統性に関するものであるが、それとは別に、司法権力者の地位につく裁判員自体の民主的正統性についての議論を避けることは許されない。

被告人の選択権の問題が議論されたことはあるが（衆議院法務委員会二〇〇四年四月七日）、それはかかる司法及び裁判員の民主的正統性に根拠を置くものではなかった。

一定の重大事件の被告人については、民主的正統性を有しない裁判員参加裁判所を憲法三二条の裁判所であると解した最高裁大法廷判決さえ、刑事裁判の「基本的担い手」と述べる裁判官による裁判、裁判員制度が施行される前には日本の唯一の正当な裁判所として認められ、現に99%あまりの裁判の正当な裁判所である裁判官裁判を被告人は何故に選択できないのか、それについての納得できる説明はどこにもない。

この選択権の制限の問題については、現在最高裁の裁判員制度の運用に関する有識者懇談会の座長を務める椎橋隆幸教授でさえ、選択権を認めるべきであろうと説いている（「裁判員制度が克服すべき問題点」『田宮裕博士追悼論集』（下）信山社出版、119ページ以下）。

日弁連刑事法制委員会は、二〇一〇年一二月三日、「裁判員制度見直しの要綱試案のために」と題する意見書において、「被告人による選択権が必要といえよう」と記述していた。但し日弁連が、裁判員法施行三年後の検証を踏まえた裁判員裁判に関する改革案からは、どういう経過かは分からないが、この選択権の問題は消えてなくなっている。

討議民主主義理論によって何とか裁判員制度の合憲性を説こうとする柳瀬昇准教授は、その思考の過程で、「憲法学の中心はリベラルデモクラシーなんですけれども、自由主義的な観点からいうならば、選択の自由が与えられる方が望ましい。でも、それだと選択権を認めない現行の制度の説明が難しいのではないかと私は考えたわけです」と述べている。そうであれば選択権否定は憲法上許されない、少なくとも制度として望ましくないとの結論に到達するのがごく自然であるのに、同氏は、それについては「裁判員制度が公共的な討議の場だとすれば……制度そのものを維持するために障害となりうるような被告人の選択権というものは否定するべきだ」と理由付けをし、選択権否定を受け入れている（「討議民主主義理論に基づく裁判員制度の意義の再構成」『明治大学学術成果リポジトリ』、2013・3・31、64ページ）。

同氏は憲法学を専門としているからか、刑事裁判が歴史的に被疑者・被告人の人権保障を目的とするものであるという本質を考慮しないで、司法を国民の公共的討議の場、国民の民主化錬成道場としてのみ捉えようとしている。

しかし、それは到底承服し得るものではない。それ故、私には、その理由付けは、何とかして選択権否定を正当化しようとする屁理屈としか思えない。但し、同氏が選択権の問題が憲法上極めて重要な問題だと捉えていること自体は正しい。国会はこの改正法案の審議に際しては、立法機関、国権の最高機関としての独自性を最大限発揮して、この選択権の問題も徹底的に審議してもらいたい。

「裁判員制度に関する検討会」の基本的スタンス

前述したように、裁判員制度は国民の主体的参加が得られてこそ成り立ち得る制度として提言され立案されたものである。法務省裁判員制度に関する検討会のメンバー一一名のうち、井上正仁氏は、司法審委員であり司法制度改革推進本部・裁判員制度刑事検討会座長であったものであり、酒巻匡、四宮啓、土屋美明の三氏も同検討会の委員であった。ほかに、同検討会は最高検、東京地裁のメンバー等から構成されたものであり、凡そ裁判員制度の根本的検討などは視野には入っていなかったことは明らかである。

同検討会委員の残間里江子氏は、第一回検討会の席上、「検討した結果、裁判員制度が良くないのではないかという方向に仮に意見が行った場合、裁判員制度をなくすということは視野に入るのかどうか」「多分普通の人に『検討しよう』と言うと『成否も含めて』という言い方になるのではないかと思っているものですから」と質問したのに対し、辻刑事法制管理官は、「なかなか難しい問い掛けなのですが……およそなくすということは考えていないところです」と回答している。このことは、この検討会の意見として纏められるものは、当初から制度存続を狙ったものであって、その存廃に関わるものではないことは既定の事実であり、仮にこの制度の検討に際して制度存続に不都合な真実が明らかになった場合には、それには見て見ぬふりをして制度見直し案を作成しようとしていたということである。

今回の裁判員法改正案はかかる立場で出された意見書に基づくものであり、それ故、裁判員制度の見直しの議論は実に底の浅いものでしかなかった。かかる改正法案を検討する国会は、提案者に対し、この制度の抱える問題点について根本に立ち返って遍く検討したのかをまず厳しく問い質し、その検討が不十分であれば、国民の立場に立って徹底的に問題点を国会自ら洗い出し、前記残間委員の問い掛けにもあるように、成否を含めて検討を加えるべきである。

この検討会は、最高裁の裁判員裁判実施状況の報告を受けて、概ね順調に運用されているとの認識のもとに作業を行っている。その判断の根拠としては、参加した裁判員が参加に肯定的、好意的意見を述べていることを挙げていた。しかし、裁判員として刑事裁判に参加したいか否かという、主体的参加という制度の本質にかかる質問に関する最高裁の意識調査の結果についいては、検討した形跡は全く見られない。

二〇一三年一月発表の最高裁の意識調査結果によれば、最高裁・法務省・日弁連法曹三者の必死の宣伝広報活動、裁判員経験者からの「良い経験だった」などの意見の発表にも拘らず、年を追って参加希望者は少なくなり、最近の調査では男女合わせて85・2％が参加に消極的な意見を述べ、特に女性は91％が参加に消極的意向を示し、うち男女合わせた数値では44・6％が、女性だけを見ればその半数を超える53・7％が義務であっても参加したくないと回答している。そのことは一〇万円以下の過料を払っても参加したくないとの意思表示であり、順法精神豊かな日本人としては実に驚くべき拒絶反応を示しているということである。かかる制度の根幹に関わるデータを無視した意見書に、いかほどの価値があるというのであろうか。

前述のように、現裁判員制度は裁判員参加の罰則付き強制を定めているのに、最高裁の調査項目は「刑事裁判や司法などに国民が自主的に関与すべきか」だけを取り上げて、参加を強制しているこの制度の是非についての設問はない。

かかる偏頗な資料を基にした検討会の検討は、施行三年後制度見直しの意見としては、その内容如何を超えて、全く採用し得ないものとして、国会は、検討やり直しを内閣に求めるか、両院それぞれが特別委員会を設置し時間をかけて、イギリス議会にも劣ることのない徹底的な審議をすべきである。

おわりに

討議民主主義の理論をそのまま司法の場に持ってくることは到底容認し得ないけれども、国会は、「討議民主主義の具体化を」と叫ぶ意見（寺沢泰大参議院行政監視委員会調査室調査員の意見）には真摯に耳を傾け、党内、会派内だけではなく、国民の目の届くところで、司法の根本政策の問題を論じて欲しい。

法務省内の検討会が出した案をベースにした改正法案は、いわばカップ麺の具に過ぎない。それにお湯を注いで一丁上がりとするような議案の審議ではなく、本来そのカップに入れるべきものは何か、何故にそのような具が出来上がったのかから徹底的に議論すべきだということである。最近、西野喜一新潟大学名誉教授が著された『さらば裁判員制度——司法の混乱がもたらした悲劇』がミネルヴァ書房から刊行された。裁判員制度運用による諸々の弊害、最高裁判所変節による司法の危機、その他裁判員制度の本質に関わる問題を遍く詳細に検討されたものであり、制度三年後見直しのための資料としては実に恰好な著書であるから議員はこの著書を熟読し討議の参考にしていただきたい。

2　検察審査会制度を問い直す——新たな検察監視・不服審査機関創設の提言

はじめに

検察審査会法が一九四八年七月一二日に公布、即日施行されてから、今年（二〇一三年）で六五年が経つ。二〇〇四年五月に起訴議決に基づく公訴提起制度等に関する規定の追加という大改正（同年五月二八日公布）がなされるまでは、検察審査会制度が世間の耳目を引くことは余りなかった。

ところが、その起訴議決制度の適用によって、元民主党代表の小沢一郎氏が二〇一一年一月三一日、政治資金規正法違反の事実によって起訴されてから、俄かにその起訴議決制度だけではなく検察審査会の在り方についての議論も喧しくなった。

制度施行後五〇余万人の国民が検察審査員または補充員に選任され、検察官の不起訴処分の当否について審査して来た歴史があり、我が国の刑事司法制度の一翼を担うものとして定着したと思われるこの制度について、今これを取り上げて議論することにどれほどの意義があるのかという疑念もないわけではない。けれども、この起訴議決制度の法制化は、司法制度改革審議会において刑事裁判に一般市民を参加させることを内容とする裁判員制度の採用と連動する形でなされたものであり、これまで裁判員制度に関心を持ち、その抱える問題を論じてきたものとして、我が国における広い意味での国民の司法参加の唯一の制度と言われた検察審査会制度について、裁判員制度について持つ問題意識を念頭に置きながら、ここで改めて根元的に問い直してみることも必要ではないかと考え、ここに論ずることとした。本稿においては、まず起訴議決制度制定前の検察審査会制度について検討し、それを踏まえて起訴議決制度制定等大改正後の問題について述べることとしたい。

検察審査会制度の成り立ち

我が国の戦前の検察官は裁判所構成法によって各裁判所に配置され、司法行政上は判事も検事もともに司法官として司法大臣の監督下にあり、検事の方が職務上も一体としてその指揮を受ける直系の下僚としてその勢力は判事に勝るものがあると評されていた（兼子一『裁判法』、有斐閣、初版、52ページ）。また、戦後占領軍により、刑事司法が「糺問主義的検察官司法」と規定され得るほどに、検察官僚が刑事手続の全段階を実質上掌握する手続構造的仕組みとなっており、治安維持法の運用を通じて治安機関の中枢装置と見られていたことから、検察の民主化は占領軍の強い方針となった（小田中聡樹「『検察の民主化』と検察審査会」『法律時報』五〇巻九号16ページ)。そこから、重罪について大陪審制を採用すること、検事公選制、検察地方分権の採用が連合国軍総司令部(GHQ)から日本政府に迫られることになった。

日本政府は、国情の違いを理由にGHQを説得し、大陪審制度の直輸入は撤回させたけれども、検察の民主化要求そのものまで撤回させるまでには至らず、その要求の骨抜きの形で世界に類例のない検察審査会制度が生まれたと言われている(渡辺高「もう一つの国民の刑事司法参加」『立法と調査』参議院調査室作成資料、№299、19ページ)。

一九四八年七月五日の衆議院本会議における、井伊誠一委員による司法委員会における審議の経過並びに結果の概要報告のうち、検察審査会法案提案の要旨の部分はつぎのとおりである。

わが国の法制によりますれば、公訴の提起は検察官に専属するのでありますが、国民主権を根本理念といたしまする日本国憲法の精神に鑑みまするど、公訴権の実行という国政につきましても、広く国民の健全な常識を反映せしめ、国民による国民の公訴でなければならないと考えられるものであります。しかして、公訴権の実行について国民の健全な常識を反映せしめるもっとも徹底した制度は英米における起訴陪審、すなわち起訴するかしないかは陪審で決定する方式であろうと思われまするが、わが国の国情と、殊に従来行われました裁判についての陪審制度の経験と英米における起訴陪審制の実績とを詳細に研究してみますと、今にわかにこの起訴陪審制を採用することは必ずしも適切でないように考えられるのであります。むしろこの際、検察官の不起訴処分の当否の審査を行い、且つ検察事務の改善に関する建議または勧告を行うところの検察審査会制度を設けることの方が適切だとの考え方から、本法案が提出せられたのであります。

（第二回衆議院本会議昭和二三年七月五日議事録）

法案は、一九四八年七月五日の衆議院本会議、同日の参議院本会議でいずれも全会一致で可決成立した。

なお、同年三月三〇日の衆議院司法委員会における審議において明禮輝三郎委員から、「くじで一一人を選び出すやり方は価値がないと思うがどうか」との制度の本質に関わる問題について質問がなされたこと、「民主化は何でもかんでも国民に押しつけることではないのであって、この場合においては、少なくとも能力のある人を選ばなければならないと私は思います」との意見が述べられていることは、占領下という当時の状況を考えれば思い切った発言であり、ここに特に付記しておきたい（第二回衆議院司法委員会昭和二三年三月三〇日議事録）。

法律が制定されるときには、その制定の背後にいかなる政治的背景があったか、立案までの種々の経緯がいかなるものであったかがそのままストレートに表に出ることは少なく、この審査会法についてもその点については明らかではなく、一九七八年、審査会法制定三〇年の記念特集号で立案に携わった佐藤藤佐元検事総長（制定当時法務行政長官）の回顧論（『法律時報』五〇巻九号30ページ以下）や講演録（「検察審査会法に関する法務庁佐藤法務行政長官の講演」昭和二四年一月、『検察審査会五〇年史』（最高裁事務総局編）163ページ）などから窺われるのみであり、表面的には前記井伊誠一委員が要約したものとしてしか受け止めようがないであろう。

その背景の詳細は別として、井伊委員も述べているように、検察審査会制度が世界にも類例のない制度であり窮余の策として誕生したものであることは否定し得ない（越田崇夫「検察審査会制度の概要と課題」国立国会図書館レファレンス二〇一二年二月102ページ、渡辺前掲18ページ）。

制度の概略

検察審査会制度の概要については、別に詳細な記述がなされているので（越田前掲書）、本稿では基本的な点のみを列記する。

検察審査会の主要な職務は検察官の行った不起訴処分の当否の審査であり、その場所は全国の地方裁判所と主な支部一六五カ所（当初は二〇〇カ所を下回らない数）に置かれ、一つの審査会は衆議院議員の選挙権を有するものの中から、くじで選ばれる一一人の検察審査員によって構成される。また、同数の補充員が置かれる。任期は六か月であり、半数（五ないし六名）ずつが改選される。審査員となることは原則国民の義務であり、正当な理由のない不出頭者に対しては過料の制裁がある。

各審査会に事務局が置かれ、局長、事務官は最高裁判所から命じられた裁判所事務官があたるが、審査会そのものは裁判所の組織には属せず、審査員が互選によって選出する審査会長が事務を掌理し、完全に独立して職権を行使する。全国各審査会を総括する機構はなく、各審査会相互の間でも上下の関係はない。

検察審査会において検察官の不起訴処分を否定する起訴相当議決及び不起訴不当議決がなされても、それは検察官を拘束しない（なお、起訴議決制度制定による二回の起訴相当議決は検察官の不起訴処分の否定ではあるが、これによって検察官が公訴義務を負うわけではないから、検察官を拘束しないことについて変わりはないと言えよう）。

検察審査会の国家機関としての位置付け

審査会の主たる職務内容は検察官の不起訴処分の当否の審査であり、司法的要素を含みはするけれども、行政行為であることは否定し得ない。最高裁事務総局発刊の「条解検察審査会法」（以下「条解」として引用する）もそれが行政事務であることは疑いないと明言し、審査会を「行政官庁」と記している（昭和四七年三月刊　上巻16、17ページ）。

佐藤藤佐氏は前記の座談会において、「あれは裁判所の中に置いたというのはどうしてでしょうか。本当は独立のものですね」との利谷信義教授からの質問に対し「これは本当に裁判所との関係はないんですからね。だから事務的にもいまのように裁判所の事務局の付属の仕事として検察審査会の事務局の事務をやるというのは実は刑事局のほうでは対抗意識というんでしょうか、すっかり独立したほうがいいんじゃないかというようなことはだいぶ言ってましたけど……。最初は検察庁のほうにくっつけるか裁判所のほうへくっつけるかということが問題になったんです」と答えている（前掲『法律時報』五〇巻九号38ページ）。

つまり、検察審査会の職務が裁判所の職務とは関係がないことが明言されていながら、ときの勢いによってというか、偶々その事務局は裁判所が支える方向に行ったということである。検察審査会は国家組織の中では本来行政機関に属する。その事務局のメンバーが裁判所の事務官によって占められ、場所も裁判所の建物の中にあることから裁判所の一機関のように思われがちであるが、審査会法上そのように解し得る根拠はない。審査会法四六条は「検察審査会に関する経費はこれを裁判所の経費の一部として国の予算に計上しなければならない」と定めているところ、そのこと自体、審査会が裁判所の組織に属していないことを認めていると言える。何となれば本来裁判所の組織に属するもの、例えば裁判官やその他の裁判所職員の予算は当然のこととして、かかる規定がなくとも裁判所予算に計上されている。審査会法四六条は、本来審査会の予算は裁判所の予算として扱うべきものではないが便宜裁判所の予算の一部として計上しなさいという趣旨を定めるものとしか解し得ない。

また、注目すべきは審査会法八条八号の規定である。審査員職務の辞退事由の有無を判定するものは委員会自体だということである。つまり審査会は、検察官の処分の当否の審査のみではなく、その構成員の辞退事由までも審査する権限が与えられている。

因みに、裁判員の参加する刑事裁判に関する法律（以下「裁判員法」という）三四条七号により辞退の申立てがあった裁判員候補者の辞退事由の有無の判断は裁判所が行うこととされていることとの対比からしても、その規定は審査会が裁判所の組織に属していないことを明らかにしていると言えるであろう。

検察審査会が国家の行政機関として上述のとおり極めて異常な存在であることは、早い段階から指摘されていた。先に引用した条解第三条の部分において、

憲法六五条は「行政権は内閣に属する」と規定し、裁判所の司法行政事務や会計検査院のような例外を除き、行政機関はすべて内閣の統括下におかれている（内閣法、国家行政組織法）……しかし、検察審査会は、いかなる意味においても内閣の統轄から離れた全く独立の行政機関として存在する。これは国家行政組織の上では全く異例の存在といえるであろう。行政機関がすべて内閣の系列化に組み入れられているのは、あらゆる行政機関が最終的に内閣に対し責任を負い、内閣が行政権の行使について国会に対し連帯して責任を負う（内閣法一条二項）ことにより行政権の行使を国民のコントロール下におこうとする趣旨であろう。

との記述がみられる（前掲条解17ページ）。播磨益夫弁護士が三権分立の枠外の第四権を意味

していると指摘していることは正当である（「検察審査会の起訴強制は違憲」http://my-dream.air-nifty.com/siryo/files/101212pdf.)。

要するに審査会は、その行政行為を営む国家機関として法制化されながら、国会、国民に対し一切の責任を負う立場にない憲法上正当な根拠を有しない存在だということである。この点に関して前記条解はつぎのように解説する。

検察審査会は一地域の住民であるとはいえ一般国民の中から直接くじで選ばれた審査員によって構成される機関であること、検察審査会の所掌事項が二条一項各号の事項に限られ、これについての議決は一般国民を直接拘束するような行政処分的性格をもたず、検事正に対する勧告的色彩のものであること等から、これを内閣の統轄を離れた独立の存在としたものと思われる。（前掲条解17ページ）

この解説の問題性については後に触れる。

検察審査員の身分・資格について

越田崇夫氏は「検察審査員等は法令上、非常勤の裁判所職員として扱われる」（越田前掲97ページ）と述べる。前述のとおり、検察審査会は国家の組織として三権の中には位置付けられてはいない実に奇怪な存在であり、そこで職務を担当する審査員も、国家の行政行為を担当する点では国家公務員であることには間違いないけれども、その職務上の手続きの瑕疵、その他の過失について誰に対しどのような責任の取り方をすれば良いかが全く不透明な存在であり、裁判所職員として扱われるとは解し得ない存在である。

確かに検察審査会に関する史料の編成は現在最高裁刑事局が担当し、統計も同様であり、その統計は最高裁のホームページに掲載されてはいるけれども、審査会の独立性から裁判所の検察審査会への関与は許されず、もとより裁判所がその委員会の職務について責任を取り得る立場にはない（しかし、小田中前掲19ページ記載の注記には、検察審査会の活動に裁判所が介入・干渉する例が日弁連「検察審査会制度の改正」から引用されている）。その刑事局の行っている作業は、本来の刑事局の業務ではなく、単なるサービス業務と解し得るものである。越田氏が非常勤の裁判所職員として取り扱われると表現し、非常勤の裁判所職員であるとの表現を微妙に避けているのは意味のあることであろう。その越田氏の表現の意味するところは、せいぜい審査員の公務災害時の補償等ごく限られた場面のみではないであろうか。

前述のとおり、審査員は衆議院議員の選挙権を有するものの中から、くじで選ばれる。審査会議に召集を受けた審査員等は正当な理由がなく欠席すると一〇万円以下の過料に処せられる（平成一六年改正前は一万円以下の過料）。実際に過料が科された例は昭和四六年までに八件あったといわれる（越田前掲97ページ（注）記）。

検察審査会の基本的骨格についての問題点

先に述べたとおり、検察審査会が国家組織上の位置付けが不明であり、行政に関する国家機関でありながら、国会に対しても、ということは国民に対しても全く無責任組織として行動することが基本的に許されているということである（播磨前掲17ページ）。そのこと自体憲法四一条を無視するものであって、存在の許されないものというべきであろう。それは国権の最高機関とは独立したもう一つの無責任最高機関の存在を認めることになるからである。

前述の条解の解説の趣旨は必ずしも明確ではないけれども、構成員が厳重なテストによって選任された国家公務員ではない、いずれの国家組織に属するものか曖昧模糊とした存在であり、その行使する権限も当り障りのないものだから、それほどやかましく論ずるほどのものではない、ということでもあろうか。かかる議論は初めから検察審査会制度の存在価値を公の支配に属しない慈善、教育、若しくは博愛の事業類似のものと解しているものであり、かかる組織への公金の支出は審査会法四六条が存在するからといって憲法八九条上問題があり、かかる異常な組織を立法化したことは立法府の大きな過誤というべきである。

検察審査会の実績を評価する意見は多い。しかし、その実績が真実国民参加の制度であることの成果と言えるものであるか否かを知る術は後述のとおりない。仮にその成果だとしても、国家組織としての異常性を容認する根拠にはならない。

何故にかかる異常な立法がなされ、これまでその点の問題が見過ごされて来たのか。

そこにはまず、制定時の我が国の置かれた歴史的な状況があろう。審査会制度の成り立ちにおいて述べたとおり、この制度は敗戦後ＧＨＱの検察の民主化要請の圧力によって妥協の産物として苦し紛れに生み出された、世界にも類例のない制度であることがあげられる。

立案者はＧＨＱとの交渉を重ね、アメリカの起訴陪審を換骨奪胎して案出したものであり（半谷恭一「検察審査会制度二五年の歩み」『ジュリスト』№５４４、73ページ）、そのようにして成案を得たものについては、国会とてその制度に真っ向から反対することは不可能であったであろうことは容易に推察がつく。因みに、そのような状況下での前述の明禮委員の発言には驚嘆すべきものがある。

日本占領の終了が近づく一九五一年から一九五二年にかけて検察審査会廃止の噂が流れ、一九五二年一一月には最高裁事務総長から法務総裁、内閣官房長官、衆・参法務委員会委員長に対し、本制度の廃止は国際関係上もいたずらに誤解を招く恐れがあるのみならず、わが国民の民主化のうえにも多大の損失をもたらすので慎重に対処されたい旨の申入れがなされたと言われる（半谷前掲75ページ）。

占領状態が解消したから、或いはＧＨＱの指導の下に行われた諸改革だからというだけでは直ちに修正を要する根拠にはなるまいが、この最高裁の申入れは前述の検察審査会制度の国家制度としての異常性を、立法府、行政府に気付かせるチャンスを失わせた。

本来は検察審査会の職務とは無縁な最高裁が何故にかかる政治的とも評される申入れをした

のかその理由は分からないけれども、ほぼ間違いなく言えることは、問題のある制度ではありながらも最高裁には検察審査会が自己の組織内のものとの認識があったからであろう。その認識の正当でないことは前述のとおりであるが、当時最高裁が国の民主化のうえにも多大の損失をもたらすとの政治的配慮により申入れをしたことは、政治的に中立を保つべき立場のものとしては、その結果の良し悪しは別として、問題ではなかったかと思われる。裁判員制度制定とその後の制度運用に関して最高裁がとった一連の行為に重なるところが見られる（拙著『裁判員制度廃止論』１４８ページ）。

また、この制度が制度として継続して来た理由としてはつぎのようなことがあると考えられる。

その一つは、検察審査会の行う職務、そのほとんどを占める検察官の不起訴処分に対する議決の効果が、検察官を拘束せず、検察官の職務には余り影響を与えるものではなかった、いわば微温性が問題を表面化させることを妨げて来たと言って良い（半谷前掲73ページ）。それ故に制度自体について憲法問題を表面化させるきっかけを見出し得なかったとも言えよう。

さらに言えることは、原則的に過料の制裁を科して国民に対し出頭を強制する制度でありながら、前述のとおり、過料の科された例は極めて少なく、現実には出頭について柔軟な対応を国は取ってきたこと、また、過料の制裁の告知による呼出しに対し、それは憲法違反の制度であるとして出頭を拒否し、国家との間に争訟に持ち込むような国民もいなかったからではないかと思われる。

　裁判員制度については最高裁による国民の意識調査が反復してなされ、検察審査会制度についても世論調査が行われたようではあるが、国民の意識調査がなされたかどうかは知らない。検察審査会そのものの存在を知らない国民が多く、制度についてコメントを求め得る状況ではなかったのではないかと推察される（三井誠「知られていない検察審査会制度」『判例タイムズ』No.540、11ページ）。審査会法施行二五年記念、三〇年記念の法律専門誌の特集号には篠倉満氏による私的アンケート調査結果の報告はあっても、国家的な調査結果の記述のないことは、少なくとも制度施行以降の意識調査が行われたとは考えにくい。篠倉助教授（当時）は前例がないと記している（篠倉満「検察審査会制度アンケート調査中間報告」前掲『法律時報』五〇巻九号54ページ）。

　我が国民が国民性として権力に対し従順であると言えるか否かは別として、遵法意識が強く、法律による制裁の告知がなされればこれに逆らって行動する意識は一般にはないと言って良いであろう。二〇一一年の裁判員制度に関する意識調査において、過料の制裁があっても裁判員にはならないと回答したものが40％超であることは、我が国としては極めて珍しい現象と評して良い。また、逆に制裁があるのなら仕方がないといって出頭に応じようとするものが42・3％という数字が示されていることは、法制度への従順性を示しているといえようか。裁判員制度について不出頭による過料の制裁が科された例は聞いたことがない。検察審査会についても同様の傾向であろうことは容易に推察がつく。それ故に、この制度の抱える問題が表面化しにくかったのではないかと思われる。

さらに重要なことは、刑事司法の民主化、国民参加という言葉に対する抗い難さがあげられよう。

糺問主義的検察官司法を、主権者たる国民が参加する民主的な形に改めるということは、GHQの指摘を待つまでもなく、戦後の我が国としては拒否できない重みを持っていたことは明らかである。

しかし、この点が最も重要な点であるけれども、主権者たる国民から無作為に選ばれたものが行政に参加すればその行政が民主的なものと解されるというのは、余りにも短絡的な意見というべきであろう。このことは司法の民主化ともてはやされている裁判員制度についても言えることである。

それは、国民を代表する主権者としての参加ではなく、偶々選ばれた素性の分からない素人の参加でしかない。前述の明禮委員の「くじで一一人を選び出すやり方は価値がないと思うがどうか」との質問に対し、佐藤藤佐政府委員は「ご説ご尤もと思いますが、この制度は、日本の検察制度をできるだけ民主化せんとするものであり……検察制度の中に一般国民の常識を取り入れることに本案のねらいがあるのでありますから、くじによって公平に選出された一般民衆に検察審査制度に参加せしめることは適当と考えます」と答弁している（昭和二三年三月三〇日衆議院司法委員会会議録）。かかる形で、くじで選ばれた一般民衆は当然に国家意思決定について常識があるものであるとの前提は、社会科学的或いは統計学的に正当であろうか。

検察審査会は現在全国に一六五会ある。そのうちの一会に係属する一つの事件も検察行政としては、全国的観点から見て公平公正に対処されなければならない一件であって、地域性の考慮さるべきものではない。かかる全国的に公平公正でなければならない検察官の一つの処分を審査するのは、地域的に偏った日本の全人口一・三億弱分の一一に過ぎない。その一一人の意見が全国的にみて公平公正な常識の発露と解することができるであろうか。それは明禮委員も質しているように、価値がないと考えるのが常識ではないであろうか。佐藤政府委員の答弁には何ら合理性がない。しかし、占領下という当時の状況では佐藤政府委員もこう答弁する以外にはなかったのであろう。

検察審査会制度が考案され、制定されて以後今日まで、一度もまともに議論されたことのない本質的問題がある。その制度に国民を強制参加させること、つまり国民に対する義務化を定めているということである。その問題は裁判員制度についても当て嵌まる問題である（前掲拙著はこの問題を中心的問題として取り上げた）。判例タイムズ編集部『素顔の検察審査会――元事務局長蜂谷明氏に聞く』によれば、その実態は強制はなく、事務局長によるお願いと説得によって審査員の確保が計られているようであるが、制度を論じるときには、現実にどうであるかではなく、正当な理由のない不出頭に対し過料の制裁が科されるという強制の仕組みが現存することを取り上げるべきである。

当初の過料の額は現在よりは低額であった。今回の起訴議決制度制定を含む改正前は、正当な理由のない不出頭に対する制裁は一万円以下であった。しかし、それが国民に対し不利益を科す処分であることには変わりはない。

検察審査会制度を官僚的検察制度の民主化と評する論者は、陪審制度、裁判員制度についてと同様に、この国民に義務を負わせる制度であることについては論じない。法案審議の過程でも論じられた形跡はない。

「検察審査会制度、裁判員制度はいずれも権力の暴走を防ぐ公益性の高い制度であるから国民はかかる制度に参加することに伴って生ずる少々の不利益は甘受すべきである、それらの制度に参加したからといってさほど生活に支障の生ずるものでもない、国政への国民としての参加は参政権同様に国民の権利性の強いものであり多少の強制には服すべきである、国民は国家の民主化のためには多少の犠牲は払うべき義務がある」――このような思想が根底になければ、この国民の義務化を正当化することは肯定され得まい。

裁判員制度について最高裁大法廷は二〇一一年一一月一六日、裁判員となることは参政権と同様の権限を付与するものであること、その制度の導入の趣旨は国民主権の理念に沿って司法の国民的基盤の強化を図るものであり参政権と同様の権限を付与するものであること、辞退に関し柔軟な制度を定めていること、負担軽減のための経済的措置が講じられていることを理由として、憲法一八条に定める苦役に服せしめるものではないと判示した。それは基本的には上述の思想を背景としているものと解される。これに対する批判は別に述べた（前掲拙著198ページ以下）ので詳細は省くけれども、その判示は憲法一三条に定める国民に保障された個人の尊厳、幸福追求権という民主主義国家の根本の価値を完全に否定するものであり、民主国家の人権の砦である最高裁の判示とは到底信じられないものである。その判示は、国家は国民のためにあるのではなく、国民は国家のためにあるという国家主義の容認であり、現憲法が一三条に定める基本理念を真っ向から否定する意見であって到底容認できない。

起訴陪審制を憲法（第五修正）に定めるアメリカ合衆国の感覚と同列に論じられないだけではなく、その発祥の地イギリスでは一九三三年に起訴陪審を廃止してしまっている（ウィキペディア「大陪審」）。かかる制度にヒントを得て、終戦後ＧＨＱの占領下に制定された一見民主的らしく見えるがそうではない検察審査会制度への参加を国民に強制しなければならない根拠は、憲法上どこにも存在しない。

一九五二年に占領状態が解消された段階で、本来ならこの制度は根本から検討されなければならなかったのに、前述の諸々の理由と経緯からこれらの問題はなおざりにされ、検察審査員経験者による貴重な経験との発言や、経験者による協議会（当初は検察審査会クラブと称されていた）設立になどによって、推進一点張りの主張が通用してきたことは間違いがない（前掲『審査会五〇年史』53ページ、のちに検察審査協会と改められた。なお、審査員経験者による審査への参加を貴重なものとの評価は裁判員経験者の感想と重なるものであるが、そのような感想は制度の存在意義とは何ら関係を有するものではない（前掲拙著50ページ）。

以上指摘した制度の問題点は制度の存立に関わるものであり、これを放置しておくことは許されないだけではなく、この問題を放置してさらにこの制度を改訂することも許されなかったというべきである。しかし、前述のとおり、二〇〇四年五月に起訴議決制度の制定、過料・罰金額の増額等の改訂が行われた。前述の指摘からすれば、これらの新制度についての検討を待つまでもなく、この問題を抱えたままの現検察審査会制度そのものは、国家の制度、組織としては容認し得ないものと言わざるを得ない。

しかし、仮に検察審査会制度についてその審査員の選出対象や選出方法、所轄官庁の明確化など制度改組の抜本的立法措置が講じられ違憲性の解消に目処がつくようなことになった場合に、国家の制度として前述の起訴議決制度はいかなる位置を占めることになるかなどについて検討しておくことも全く無意味ではないと考えられるので、以下その起訴議決制度について述べる。

起訴議決制度について

検察審査会の検察官の不起訴処分に対する不起訴不当、起訴相当の議決には、その改正前には検察官の処分を変更する効力は認められなかったけれども、二〇〇四年五月の改正により起訴議決制度が制定された。

これは二〇〇一年六月に出された司法制度改革審議会の最終報告書「Ⅱ　国民の期待に応える司法制度」、「第2　刑事司法制度の改革」、「3　公訴提起の在り方」として「検察審査会の一定の議決に対し法的拘束力を付与する制度を導入すべきである」との記述により検討されることになったものである。

その理由として掲記されているものは、検察審査会制度が国民の司法参加の一つとして重要な意義を有していることと相当の機能を果たしてきたことを前提として、その機能を更に拡充すべく、検察審査会の一定の議決に対し、法的拘束力を付与する制度を導入すべきとしている。その機能の拡充策としての提案が議決への法的拘束力の付与だということであるが、検察審査会がこれまで相当の機能を果たしてきたというのに、何故にさらにその機能を拡充し、その拡充策として議決に法的拘束力を付与する制度を導入しなければならないのかという肝心の点についての理由は、全く記されていない。その記述はその前年に出された中間報告の内容の書き写しである。

検察審査会の意見に法的拘束力を付与すべきか否かは、審査会制度立案の段階から問題とされてきた。ＧＨＱは当初は法的拘束力を付与することを主張したけれども、日本側の反対によって撤回し、付与しないこととして制度は発足した（越田前掲103ページ、最高裁事務総局刑事局「検察審査会二〇年の歩み」『法曹時報』二〇巻八号68ページ）。しかし、起訴議決権に拘束力を認めるべきか否かについては、その後も賛、否の論と、慎重論があった。

賛成意見としては日弁連の「改正案」（一九七五年）、それに同調する三井誠教授、小田中聰樹教授らの検察の民主化を推進する立場からのものが多いが（小田中前掲15ページ、三井前掲『法律時報』五〇巻九号8ページ以下）、反対論ないし慎重論としては岡部泰昌教授の「現実的な立場から慎重な考慮をなすべき」との意見、田宮裕教授の「このさい強力な法改正によってまわりはじめた機構の均衡がやぶられ思わぬ逆効果を産まぬとも限らない」との意見、これに同調する佐々木史朗裁判官の意見、馬場義宣検事の「議決に対する拘束力の付与はとうてい現実的とは思われない」との反対意見（以上の反対論、慎重論はいずれも前掲『法律時報』20ページ、43ページ、47ページ。なお田宮教授の論稿は『判例タイムズ』No.222、13ページ）が示されていた。

前述の司法制度改革審議会の意見は、前述の賛成意見に与し、慎重・反対意見を排したものではあるけれども、その結論に至るまでどれほど慎重な検討を経たものかは不明である。当時の「国民の司法参加のうねり」に流された結果ではないかと思われる。

検察審査会の議決に法的拘束力を認めることの国家制度としての意味は、いかなるものがあろうか。

今回の改正は、起訴議決によって公判を担当するものは既に行われている準起訴手続に倣い指定弁護士とされる制度設計であるから、全国の刑事起訴について、検察官の行う起訴・不起訴判断基準のほかに、検察審査会の起訴・不起訴の判断基準という二通りの基準、つまりダブルスタンダードを容認し、検察官の起訴基準によらないで起訴された事件については原則的に検察官を排除して公判手続きが行われることになる。裁判であれば最終的には最高裁判所によって一応統一的な運営がなされるけれども、起訴という一回限りの処分については、全国的統一性は害され、公正性、公平性にバラつきが発生する可能性は十分にある。

検察審査会は基本的に素人によって構成される。その構成員は法律解釈も証拠による事実認定も、その日常生活においては経験することのないものである。もとより検察官の起訴・不起訴の基準も知らない。一一人の委員が各人の個人的な思想、信条、知識、経験、人格、生活歴等から、そのときそのときの感覚感情に基づいて意見や感想を述べ、結論に挙手をする。審査会制度の建前は以上のことを是認し、これを民意と評している。

現実の審査手続きにおいては審査員一一人各人が膨大な記録を読み込むことは不可能であろうから、事務局が作成する摘録に基づき助言者（三八条）の助言を信用し、審査補助員である弁護士の助言（三九条の二第一項三号、四一条の四）の影響を受けて判断することになる。法三九条の二第五項は「審査補助員は審査員の自主的な判断を妨げるような言動をしてはならない」と定めるが、厳しい守秘義務（四四条）の下、密室（二六条）で審査が行われることからすれば、その規定どおり行われたか否かは第三者には不明であり、規定どおり行われたことを保証するものは全くないと言って良い。その規定は絵に描いた餅である。この審査補助員制度について播磨弁護士は検察審査会法の自己矛盾であると指摘しているが（播磨前掲14ページ）、規定上はともかく、現実の審査会の運営としてはその矛盾現象の発生を阻止する手立てはないと言わざるを得ない。

起訴議決制度に限らず、前述のように検察審査会の手続き全体は厳重な秘密主義で貫かれている。国政上の独立した第四権であって、その行為が国民に対し責任を負うべきもの、また起訴議決制度の採用により被告人に起訴処分という不利益処分を科す権力機関と変質した審査会は、行政機関の一つとしての責任を果たしていかなければならない（前掲条解17ページ）。前述の条解が解説する、国家に対して無責任な存在であっても許される理由の一つとしてその職務権限の微弱であるとの根拠は、ここで全く消滅するということである。しかし、この国民に対する徹底した秘密主義の下では、国民も他の国家機関もその責任を明らかにすることを求めることはできない。

秘密主義は許されないかとの問いに対しては、全てが許されないものではなく、裁判員裁判における と同様に改善の余地はあっても認められないものではない。しかし、審理の公開が原則である裁判員裁判よりもその公開度はさらに限定的とならざるを得ないであろう。刑事被疑事件というプライバシーの保護が特に重視され、また継続するかも知れない犯罪捜査への影響も考慮しなければならず、第一に審査員という一般市民の日常生活の保護という課題への対応も考えざるを得ないからである。

つまり、高度な秘密主義の採用は、かかる一般市民を検察行政に強制的に関与させる以上は避けては通れないことと言って良い。しかし、国家の情報は可能な限り国民に対し開示されることが民主主義の基本であることからすれば、かかる徹底した秘密主義は検察の民主化を目指す審査会制度としては矛盾というべきである。かかる徹底した秘密主義に頼らなければならない制度は、本来の目的からすれば失格というべきであろう。

起訴議決制度施行以来、起訴議決のなされた件数は二〇一一年末までに九件であった（最高裁ホームページ）。そのうちの一件は冒頭に記した小沢一郎元民主党代表にかかるいわゆる陸山会事件であるが、それは無罪で終局している。

検察官による起訴、刑事訴訟法にいわゆる公訴の提起がなされ、国民が被告人の立場に立たされた場合に受ける国民の不利益の重大さは多言を要しまい。被告人＝罪人と白眼視される我が国の風土においては、それだけで社会的に大きな不利益を受けるだけではなく、公判期日の出頭による日常生活上の拘束その他の不利益は計り知れない。公務員の職にあるものは公判手続中は休職となり（国家公務員法七九条二号、地方公務員法二八条二項二号）、収入の道も断たれるだけではなく、無罪判決後の復職も容易ではないであろう。政治家は政治生命を断たれるかも知れない。それが一国の政治を左右する地位にあるものである場合には、国家の行方そのものを左右しかねない。

イギリスのように私訴、予審手続きが制度としてある場合、或いはドイツのように原則起訴法定の制度のある国の場合には、公訴が提起されたこと自体による被告人に対する国民の意識は我が国とは違うものがあるかも知れない。しかし、有罪率99％の我が国では、検察審査会による特別の起訴とは言っても、一般市民の反応は無罪の確立が高いという認識で受け止められるとは限らない。

やはり被告人の立場に立たされること自体が大きな不利益であり、それが無罪と判定された場合の人権侵害の程度は計り知れない。

前述の田宮教授の論文にある「議決の拘束力を認めるような……強力な法改正によってまわりはじめた機構の均衡が破れ、思わぬ逆効果を産まぬとも限らない」との指摘が、現実化した事態になっている。

それは、前述の小沢一郎氏に関する起訴議決に関連して田代政弘検事（その後退職）が小沢氏の政治資金規正法違反事件の審査を担当した検察審査会に対し、小沢氏の起訴相当議決の方向を示唆することとなる虚偽の捜査報告書（捜査報告書写は、郷原信郎『検察崩壊』（毎日新聞社）末尾資料で見られる）を提出し、検察庁が二度も不起訴と判断した事件を検察審査会による起訴議決に基づく起訴への道を開かせたという否定し得ない事実の発生である（志岐武彦、山崎行太郎『最高裁の罠』Ｋ＆Ｋプレス）。

もとよりこの事件をここで社会的・政治的事件として取り上げて論ずる意図は毛頭ない。しかし、この事件は今回の起訴議決制度の採用が公訴についてのダブルスタンダードの採用の不当性とは別に、検察庁がこの検察審査会を自己の思惑によって利用し得る可能性を産み、田宮教授の「思わぬ逆効果」が現実化したことを否定し得ないということである。つまり、市民の感覚を検察行政に反映させるという審査会制度の当初の目的が悪用され得る余地を作ってしまったということである。

なぜかかる事態を招いたのか。その原因の分析は慎重に徹底的になされるべきであろうが、検察審査会自体が前述のとおり国家組織上の曖昧な性格を持つもの、つまり行政を担当する組織でありながら、国会に対して責任を負うことのない組織であることを放任していたこととは無縁ではあるまい。それでも起訴議決制度成立前は、前述のとおりその存在意義の希薄さ故に、表立ってその制度の問題性が議論させることはなかったけれども、起訴議決という強力な行政処分権が検察審査会に与えられた以上、その曖昧さを放任しておくことは許されない。

また、その構成員が全くの素人集団であって審査補助員の補助を得ることが可能とはいっても主体的に判断することの期待し得ない存在であること、起訴議決に際して検察官に意見を述べる機会が与えられたこと（四一条の六第二項）によってかえって検察庁の関与の機会が増える仕組みになっていることなどによることは当然に考えられるであろう。

起訴議決制度の採用に踏み切るについては、国民の司法参加の流れに乗って司法制度改革審議会も国会も慎重な配慮を欠いたのではないかとの疑いがどうしても残る。

やはり起訴議決制度は、仮に現行の審査会が改組されたとしても、わが国の司法手続きとしては極めて望ましくないものと考える。

おわりに

検察審査会制度が、検察の民主化というGHQからの強い要望により我が国独自のものとして誕生し、これまで曲りなりにも検察官の不起訴処分に対する批判・抑制機関としての役割を果たしてきたことは否定し得ないであろう。

しかし、その検察審査会の審査の実態がいかなるものであるのかは、前述のとおり、その秘密主義から分からないというのが正しいのではなかろうか。審査員はいわゆる素人であり、助言者の意見に左右されることがなかったとは明言できない。摘録を作成する事務局の意向が結論にどのように反映していたのかも不明である。

事務局のメンバーは裁判所の事務官であり、審査員よりはるかに法律を知り、事件の取扱いに慣れている。摘録を作るために、検察庁から送られた記録を詳細に検討しなければならない立場にある。審査会長は議長であり、審査会の事務を掌理し、事務官を指揮監督することとされているけれども（一五条二項）、その会長は素人の審査員の互選による（一五条一項）。その任期は六カ月という短期間であり、素性とて誰にも分からない。それが適切に議事を主宰し、事務官を指揮監督するなどということは、経験則に照らして実現不可能だと言って良い。ここにも虚構がある。

それ故、その審査会の出した結論が、ときに事務局の見解であったり、助言者の見解であったり、審査補助員の意見であったりする可能性は否定し得ず、審査員のみの主体的意見に基づくものだということを国民に立証する方法はないと言って良い。このことは裁判官が参加する裁判員裁判の評議の場以上に闇の中と言って良い。検察審査会制度というものは現実にはそのようなものとして成立していることを直視しなければならない。前述の小沢氏に関する起訴議決について、真実、審査会は開かれたのかという疑問まで出されている状況がある（前掲『最高裁の罠』18ページ）。

検察審査会が極めて不完全な制度であるのは、前述の制度の成り立ちと、立法府、行政府ともその後、根本に立ち返っての検討の機会を逃し、怠ってきたことに起因する。具体的には、そもそもの問題は検察審査会制度を立案する際に行き掛り上止むを得なかったとはいえ、まず第一に「検察の改革」即「検察の民主化」という既成概念に捉われ、それを目的としてしまったこと、その民主化とは一般国民即ち素人からくじで選ぶことと決めてかかり、それ以後の思考を停止してしまったことに最大の原因があったと考える。

裁判員制度制定の際にも同様の問題があったけれども、かかる制度の立案に際し第一に考えなければならないことは、制度の本来あるべき正しい有り方は何か、現制度に問題があるというのであれば何が問題か、何故それが問題とされるのか、その問題の解決方法としてはいかなるものがあるか、その方策として仮に民主化と称されるものが必要だとしても真の民主化とはいかなるものであり、それを実現する方策はいかなるものかを徹底的に研究、検証し、その問題の解決のためにはいかなる方法がベストか、その実現可能性はどうかを慎重に検討すべきなのである。

つまり、検察制度にメスを入れようとする場合には、これからでも遅くはない、何が問題なのか、どうしたらその問題を解消することができるかを検証すべきである。

検察審査会の中心的職務は検察官の不起訴処分の当否の審査である。行政不服審査法四条一項六号に定める「刑事事件に関する法令に基づき、検察官……が行う処分」の直接の対象者は被疑者、被告人である場合がほとんどであろうが、刑事訴訟法二六〇条、二六一条は、告訴、告発又は請求のあった事件について起訴・不起訴処分を行った場合の結果の通知と、不起訴処分についてはその理由の告知を定める。これは審査会法二条二項、三〇条により、告訴、告発または請求者に対しその処分の不服審査の機会を与えようとするものである。告訴、告発等をなしたものは検察官の処分の直接の対象者ではないが、利害関係を有するものであり、広義の処分関係者と言える。

前述したけれども、制度として私訴が認められる場合、或いは起訴が法定されている場合は別として、我が国のように検察官が起訴権をほぼ独占し、しかも広範な裁量権を検察官に与える制度をとっている国において、その行政を審査し、濫用を防止する政策をとり、且つ、前記の処分関係者に対し不服申し立ての機会を与える必要性は高いと言えよう。

これまでその役割を担う機関として設置され運営されてきたのが、この検察審査会であったと解される。先に検討したように、検察審査会制度が国家の制度として根本的な問題を抱えながらも六五年余の間運営されてきた背景には、検察官による起訴独占主義、起訴便宜主義に対する抑制機能をもつ国家の制度を必要とする背景があったことは事実であろう。検察審査会法制定の直接の契機は前述のとおりＧＨＱからの殆ど命令に近い要請であったとしても、我が国には、その形を変えたものとしてもそれを受け入れる歴史的、社会的実情があったことは否定し得ないと思われる（松尾浩也「検察審査会における日本的なもの」『法曹時報』二五巻一一号1ページ）。

繰り返すが、問題はかかる背景、つまり立法事実のもとに選択されるべき制度はいかなるものかということである。国民参加の強制を排し、刑事司法の全国的公正、公平性を保ち、可能な限り制度の透明性を実現する検察監視・不服審査機関の設置はどうしても望まれることではないかと思われる。なお、検察官による起訴処分の相当性を審査する権限をかかる監視・不服審査機関に委ねることが妥当か否かについては、公訴権行使の濫用の判断基準が明確にされ、その審査が裁判所によって適切に行われるならば、それを敢えて別の機関の審査事項とすることは不必要ではないかと現時点では考えている。

その監視・不服審査機関は、現在のように国家の第四権などと評される曖昧なものであってはならず、国会内審査会（萩原金美「刑事司法における民主主義と検察審査会制度の展望」『判例タイムズ』二九八号66ページは国会オンブズマン制度を提唱している）または行政機関、例えば法務省に学者、弁護士・職能代表者等によって構成される高度な独立機関として設置するなどの配慮が必要であろう。

しかし、その職務は、公訴制度の全国的公平公正性の確保の観点からすればあくまでも検察権の濫用の防止に止め、独立の起訴基準を持つべきものではないと考える。準起訴手続きの対象になる特殊な事件は別として、他の事件について上記の審査機関によって不起訴不当或いは起訴相当と判定された場合には、検察官は公訴官としての職責を十分に尽くすべきであって、指定弁護士による訴訟追行制度は必要なかろうと考える。検察官は、同一体の原則により、裁判官とは異なり、自己の良心に反しても検察行政を遂行する義務があるからである。

起訴議決制度の採用は、検察審査会制度について根本から検討する機会を与えた。この際、上記の問題について広く検討が進み、適切な検察行政が新たに施行されることを望んでいる。

おわりに

人間の歴史は罪と不合理から始まった。いつの時代にも罪と不合理が幅を利かせて来た。それでも人間は、その時々に叡智を示しそれなりに反省し、その罪の赦しを請い、不合理を正そうと努めて来て今がある。しかし、残念ながら今なお罪と不合理は幅を利かせ続けている。

ことの不合理かどうかは、多くの場合見る人によって判断は分かれるであろう。しかし、不合理を指摘し合う者は、互いに、それが独善であっても決して暴力に訴えることなく、まず声を上げることが不合理を正す道ではなかろうか。

私は、裁判員制度は、裁かれる立場の者にとっても、そして裁判員を務めることとなる国民にとっても、そのいずれの基本的人権をも侵害する不合理極まりない制度だと思っている。本書は、その私の目から見た裁判員制度（併せて検察審査会制度）の不合理を指摘しようとするものである。勿論私の思い違いもあろう。むしろそれを指摘していただきたいと思って、敢えて私のこれらの制度の不合理論を俎上に載せることとした。

それらが何故不合理か。私はその判断基準は、国家が邪念なく真に人間を愛しているか否かにあると思っている。愛という、本来人間の心の問題を国家に持ち出すのもどうかと思われるかも知れないが、私は、国家というものは人間の心を理解し得る「人間の化身」であるべきだと考えているので、こんな表現も許されるのではなかろうか。憲法の掲げる基本的人権尊重の理念と規定は、国家の人間愛の法律的表現であると思っている。基本的人権侵害の裁判員制度にはどこにも人間愛は見られない。

雑文に類する論考の出版を快く認めていただいた花伝社平田勝社長、いつも温かいご支援を下さる元東京高裁判事大久保太郎氏、ご論考を頻回に引用させていただいた新潟大学西野喜一名誉教授、そして、はしがきにも記した河野真樹さんのお力添えがなければ本書は世に出ることはなかった。これらの方々その他いつも私を支えて下さっている多くの方々に厚く御礼を申し上げる。

二〇一六年七月一八日

初出一覧

第四章2を除いていずれもウェブサイト「司法ウオッチ」が初出であるので、日付のみのものは「司法ウオッチ」の掲載開始月である。

第一章　裁判員制度に存在価値はあるか

1　裁判員制度はなぜ続く――制度廃止への道程
二〇一六年四月

2　裁判員制度は国民主権の実質化か？――裁判員の民主的正統性について
二〇一四年八月

3　「国民と司法のかけはし　裁判員制度」……？――偏向司法への警告
二〇一五年七月

4　求刑一・五倍破棄判決の余波――裁判員制度崩壊への歩み
二〇一四年一〇月

第二章　裁判員の心を蝕む制度

1　福島国賠訴訟の地裁判決を批判する

二〇一五年一月

2　精神的負担を理由とする裁判員就任辞退に関する東京地裁申合わせについて

二〇一三年一〇月

3　裁判員と死刑――ある新聞社説の提言を契機として

二〇一六年七月

第三章　最高裁判決の欺瞞

1　上告趣意を捏造した最高裁――最高裁二〇一一年一一月一六日判決を三たび批判する

二〇一三年一二月

2　いわゆる裁判員制度大法廷判決の判例価値――裁判員の参加する裁判所は特別裁判所ではない

二〇一五年一二月

3　最高裁に対する疑念が消えない――裁判員制度に見るその政治性の故に

二〇一五年一〇月

4　「司法行政事務」処理と不公平な裁判をするおそれ
――最高裁大法廷平成二三年五月三一日決定に関連して

二〇一三年四月

第四章　裁判員制度と検察審査会制度をどうする

1　裁判員法改正法案について

二〇一五年二月

2　検察審査会制度を問い直す――新たな検察監視・不服審査機関創設の提言

新潟大学法学会『法政理論』第四六巻第三号

織田信夫（おだ　のぶお）
1933年　仙台市にて出生
1956年　東北大学法学部卒
1963年　判事補
1970年　弁護士登録（仙台弁護士会）
1988年　仙台弁護士会会長
1989年　日本弁護士連合会副会長
1999年　東北弁護士会連合会会長

裁判員制度はなぜ続く——その違憲性と不合理性

2016年8月25日　　初版第1刷発行

著者 —— 織田信夫
発行者 — 平田　勝
発行 —— 花伝社
発売 —— 共栄書房
〒101-0065　東京都千代田区西神田2-5-11 出版輸送ビル
電話　　03-3263-3813
FAX　　03-3239-8272
E-mail　　kadensha@muf.biglobe.ne.jp
URL　　http://kadensha.net
振替　　00140-6-59661
装幀 —— 三田村邦亮
印刷・製本 － 中央精版印刷株式会社

ISBN978-4-7634-0788-7 C0032